体育学国家级实验教学示范中心
湖南师范大学运动健康校企合作创新创业

体育学创新理论研究与实践

谭军 郑澜 ◎著

吉林出版集团股份有限公司

图书在版编目（CIP）数据

体育学创新理论研究与实践 / 谭军 , 郑澜著 . — 长春 : 吉林出版集团股份有限公司 , 2021.8
ISBN 978-7-5731-0306-2

Ⅰ . ①体… Ⅱ . ①谭… ②郑… Ⅲ . ①体育教学—教学研究—高等学校 Ⅳ . ① G807.4

中国版本图书馆CIP数据核字(2021)第164602号

体育学创新理论研究与实践

著　　者	谭　军　郑　澜
责任编辑	王　平
封面设计	明翊书业
开　　本	710mm×1000mm　1/16
字　　数	166千
印　　张	10.75
版　　次	2022年2月第1版
印　　次	2022年2月第1次印刷
出版发行	吉林出版集团股份有限公司
电　　话	总编办：010—63109269
	发行部：010—63109269
印　　刷	三河市国新印装有限公司

ISBN 978-7-5731-0306-2　　　　　　　定价：78.00元
版权所有　侵权必究

目 录
CONTENTS

第一章 体育学创新的概念与内涵 …………………………………… 001
  第一节 体育领域的基本名词层递解析与创新需求分析 ………… 002
    一、体育领域的内涵与具体内容 ………………………………… 002
    二、体育产业概念与主要内容 …………………………………… 011
    三、体育学的发展与现状 ………………………………………… 021
    四、体育专业的现状与展望 ……………………………………… 025
  第二节 体育的特征与万众创新本质的契合 ……………………… 026
    一、体育的"人民性"特性与万众创新的"全民性"重合 …… 026
    二、体育的"全面性"与创新的"广泛性"耦合 ……………… 027
    三、体育与创新的"前沿性" …………………………………… 028
    四、"开放性"是体育与创新的共同魅力 ……………………… 030
  第三节 创新与体育定位的思辨 …………………………………… 031
    一、在创新的基本概念中解析体育领域的创新 ………………… 031
    二、以创新的不同层面多视角思辨体育现象 …………………… 032
    三、体育学科发展中蕴含的创新 ………………………………… 034
    四、人才培养中的体育学创新 …………………………………… 037

第二章　体育学创新的基础与途径 ·········· 038
第一节　体育学创新的基础 ·········· 039
第二节　体育创新的形式与内容 ·········· 041
　　一、人（个体与群体）的实验与研究 ·········· 041
　　二、动物实验 ·········· 042
　　三、体育工程 ·········· 043
第三节　体育创新训练的方法与手段：大学生创新训练计划 ·········· 046
　　一、开始阶段的选题、申报、立项、开题 ·········· 047
　　二、项目实施过程中的管理与中期评审 ·········· 048
　　三、项目完成阶段：结题和成果评价 ·········· 049

第三章　体育学创新的现实困境与提升策略 ·········· 051
第一节　体育学创新现实困境分析 ·········· 051
　　一、体育举国体制与"万众创新"融合困境 ·········· 051
　　二、体育专业创新教育不足和创新平台层次不够高的现实困境 052
　　三、体育学学科体系仍然不清晰、定位不准形成发展困境 ······ 054
　　四、创新的需求与创新供给不足的症状：体育创新人才培养不足056
第二节　体育学创新实力的提升策略 ·········· 057
　　一、夯实基础的立足策略 ·········· 057
　　二、校内多学科融合的策略 ·········· 057
　　三、面向社会多行业互联互通策略 ·········· 062
　　四、面向未来的发展策略 ·········· 066

第四章　国家大学生创新性实验项目与训练 ·········· 067
第一节　科学研究引领大学生创新实验的探索 ·········· 068
　　一、大学生创新性实验项目的形成过程 ·········· 069
　　二、项目实施技术路线及过程 ·········· 076

三、项目的总结与评价 ·· 079
　　四、经费使用情况 ·· 084
　　五、项目研究总结报告与反思 ·· 085
　　六、结题后的鼓励与奖励办法 ·· 086
第二节　国家大学生创新性实验项目的典型案例 ······················ 087
　　一、大学创新性实验项目的申报 ···································· 087
　　二、大学生创新训练项目的中期检查 ······························ 099
　　三、结题报告及展示 ·· 105

第五章　体育学创新中的技术发明实践探索 ·························· 110
第一节　体育学领域专利的申请 ·· 112
　　一、体育学领域专利申请创意的来源 ······························ 112
　　二、专利申请中的主要内容 ·· 113
　　三、专利申请的全流程 ··· 117
　　四、体育学专利申请的意义 ·· 118
第二节　一种下肢柔韧性测试项目——劈叉测试仪发明专利的研发　119
　　一、创意来源 ··· 119
　　二、背景技术 ··· 120
　　三、发明内容 ··· 121
第三节　果蝇运动装置发明专利的研发 ································· 124
　　一、一种测量果蝇运动能力的方法 ·································· 125
　　二、一种训练果蝇运动的方法 ······································· 126
　　三、一种训练果蝇运动的装置 ······································· 129
　　四、一种果蝇运动平台装置 ·· 131

第六章　体育学创新平台的构建与实现 ································ 133
第一节　体育学创新平台的构建历程 ···································· 133

第二节　教学驱动型创新平台 ·················· 136
　一、实验教学体系 ························· 136
　二、创新实验教学体系构成 ·················· 140
　三、创新实验教学方法 ····················· 141
第三节　研究驱动型创新平台 ·················· 144
　一、概况 ······························ 144
　二、体适能与运动康复湖南省重点实验室的构建 ······ 144
　三、主要研究领域与研究方向 ················· 146
　三、组建重点实验室的必要性分析 ·············· 149

参考文献 ······························ 163

第一章　体育学创新的概念与内涵

"体育强、中国强。""成为世界体育强国之一"首次提出是在1983年当时的国家体委上报的《关于进一步开创体育新局面的请示》并得到国务院的批示。一个没有梦想的民族是没有希望的民族，中华民族伟大复兴的中国梦从此刻上了体育强国建设印记。2019年8月10日，《体育强国建设纲要》公开发布，体育强国建设本身就是一个改革创新的过程，目标和方向是"强"，是要改变现有的制约因素使得我们国家的体育从不强到强，再到保持强大。体育不是抽象的概念，而是能细分的具体的领域，国家早有相应的论断："加强体育强国建设，推动群众体育、竞技体育、体育产业协调发展。"群众体育、竞技体育、体育产业是加快推进体育强国建设的三驾马车；群众体育、竞技体育和体育产业在《体育强国建设纲要》的战略任务中分别对应"全民健身""奥运争光"和"体育产业"。"全民健身"战略旨在扩大体育人口、提升人民健康水平，也为"奥运争光"拓展了人才基础，同时也能促进体育人口红利转化为体育消费能力，从而带动"体育产业"战略的顺利实施；"奥运争光"战略对我国体育事业具有重要的导向和辐射作用，"奥运战略"的成功实施可以有效地带动"全民健身"，使竞技体育与群众体育围绕着体育强国的共同梦想，融合发展，齐心合力，协调共享，不断提高全民族健康水平和创造竞技体育水平的辉煌，让中国特色的创新型体育发展之路越走越宽。"全民健身"必然促进"体育产业"，"体育产业"已经成为中国新的经济增长点并呈现出广阔的发展前景。"体育产业"的转型升级不仅可以助力"奥运争光"战略顺利实施，也可服务于"全民健身"战略的稳步推进。

第一节 体育领域的基本名词层递解析与创新需求分析

一、体育领域的内涵与具体内容

体育领域涉及非常广泛，如果从国民经济行业分类来看，依据中华人民共和国国家标准《国民经济行业分类》（GB/T 4754—2017）中罗列的国民经济行业采用线分类法和分层次编码方法，将国民经济行业划分为门类、大类、中类和小类四级，共有20个门类，97个大类，473个中类，1382项小类。直接涵盖体育（运动）的分类（如表1-1），包括13个门类，26个大类，38个中类，49项小类。如果从间接纳入的领域，住宿餐饮，科学研究和技术服务，居民服务、修理和其他服务，国际组织4个门类都涵盖体育领域的内容，甚至是农、林、牧、渔业，采矿业，电力、热力、燃气及水生产和供应业三个门类也都有体育元素的踪影；另外，制造业中食品的运动食品和饮料、医药制造业，公共管理、社会保障和社会服务也包含体育领域的内容。无疑，体育领域是一个涉及广泛、规模巨大的领域。

表1-1 国民经济行业中涉及体育领域的内容

代码				类别名称	说　明
门类	大类	中类	小类		
C				制造业	
	18			纺织服装、服饰业	
		181		机织服装制造	
			1811	运动机织服装制造	指运动服、滑雪服、登山服、游泳衣等服装制造
		182		针织或钩针编织服装制造业	
			1821	运动休闲针织服装制造	指针织T恤、针织休闲衫、针织运动类服装制造

第一章 体育学创新的概念与内涵

续表

门类	代码 大类	中类	小类	类别名称	说　明
	19			皮革、毛皮、羽毛及其制品和制鞋业	
		195		制鞋业	
			1954	橡胶鞋制造	指以橡胶作为鞋底、鞋帮的运动鞋及其他橡胶鞋和橡胶鞋部件的生产活动
	24			文教、工美、体育和娱乐用品制造业	
		244		体育用品制造	
			2441	球类制造	指各种皮制、胶制、革制的可充气的运动用球,以及其他材料制成的各种运动用硬球、软球等球类产品的生产活动
			2442	专项运动器材及配件制造	指各项竞技比赛和训练用器材及用品,体育场馆设施及器件的生产活动
			2443	健身器材制造	指供健身房、家庭或体育训练用的健身器材及运动物品的制造
			2444	运动防护用具制造	指用各种材质,为各项运动特制手套、鞋、帽和护具的生产活动
			2449	其他体育用品制造	指钓鱼专用的各种用具及用品,以及上述未列明的体育用品制造
	29			橡胶和塑料制品业	
		291		橡胶制品业	
			2916	运动场地用塑胶制造	指运动场地、操场及其他特殊场地用的合成材料跑道面层制造和其他塑胶制造
		292		塑料制品业	

续表

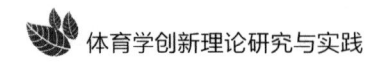

代码 门类	代码 大类	代码 中类	代码 小类	类别名称	说 明
			2928	人造草坪制造	指采用合成纤维，植入在机织的基布上，并具有天然草运动性能的人造草制造
		358		医疗仪器设备及器械制造	
			3586	康复辅具制造	指用于改善、补偿、替代人体功能和辅助性治疗康复辅助器具的制造，适用于残疾人和老年人生活护理、运动康复、教育和就业辅助、残疾儿童康复等；主要包括假肢、矫形器、轮椅和助行器、助听器和人工耳蜗等产品和零部件的制造，也包括智能仿生假肢、远程康复系统、虚拟现实康复训练设备等其他康复类产品的制造
	37			铁路、船舶、航空航天和其他运输设备制造业	
		373		船舶及相关装置制造	
			3733	娱乐船和运动船制造	指游艇和用于娱乐或运动的其他船只的制造
		374		航空、航天器及设备制造	
			3741	飞机制造	指在大气同温层以内飞行的用于运货或载客，用于国防，以及用于体育运动或其他用途的各种飞机及其零件的制造，包括飞机发动机的制造
			3780	非公路休闲车及零配件制造	指以运动休闲娱乐为主要功能，包括运动休闲车（不含跑车、山地车和越野车）、一轮、两轮、四轮休闲车、滑板车、草地车、观光车等制造
	38			电气机械和器材制造业	
		387		照明器具制造	

续表

门类	代码 大类	中类	小类	类别名称	说　明
			3873	舞台及场地用灯制造	指演出舞台、演出场地、运动场地、大型活动场地用灯制造
	39			计算机、通信和其他电子设备制造业	
		396		智能消费设备制造	
			3961	可穿戴智能设备制造	指由用户穿戴和控制，并且自然、持续地运行和交互的个人移动计算设备产品的制造，包括可穿戴运动监测设备制造
E				建筑业	本门类包括47～50大类
	47			房屋建筑业	指房屋主体工程的施工活动；不包括主体工程施工前的工程准备活动
		472	4720	体育场馆建筑	指体育馆工程服务、体育及休闲健身用房屋建设活动
	48			土木工程建筑业	指土木工程主体的施工活动；不包括施工前的工程准备活动
		489		其他土木工程建筑	
			4892	体育场地设施工程施工	指田径场、篮球场、足球场、网球场、高尔夫球场、跑马场、赛车场、卡丁车赛场、全民体育健身工程设施等室内外场地设施的工程施工
	49			建筑安装业	
		499		其他建筑安装业	
			4991	体育场地设施安装	指运动地面（如足球场、篮球场、网球场等）、滑冰、游泳设施（含可拼装设施、健身步道）的安装等
F				批发和零售业	本门类包括51和52大类，指商品在流通环节中的批发活动和零售活动
	51			批发业	

005

续表

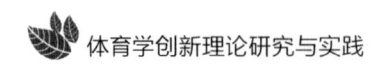

代码 门类	代码 大类	代码 中类	代码 小类	类别名称	说明
		514		文化、体育用品及器材批发	指各类文具用品、体育用品、图书、报刊、音像制品、电子出版物、数字出版物、首饰、工艺美术品、收藏品及其他文化用品、器材的批发和进出口活动
			5142	体育用品及器材批发	
	52			零售业	
		524		文化、体育用品及器材专门零售	指专门经营文具、体育用品、图书、报刊、音像制品、电子出版物、数字出版物、首饰、工艺美术品、收藏品、照相器材及其他文化用品的店铺零售活动
			5242	体育用品及器材零售	
G				交通运输、仓储和邮政业	
	53			铁路运输业	
		553		水上运输辅助活动	
			5531	客运港口	含水上运动码头
	56			航空运输业	
		562		通用航空服务	指使用民用航空器从事除公共航空运输以外的民用航空活动
			5623	体育航空运动服务	指通过各种航空器进行运动活动的服务，包括航空俱乐部服务
I				信息传输、软件和信息技术服务业	本门类包括63~65大类
	64			互联网和相关服务	
		643		互联网平台	
			6432	互联网生活服务平台	指专门为居民生活服务提供第三方服务平台的互联网活动，包括互联网销售平台、互联网约车服务平台、互联网旅游出行服务平台、互联网体育平台等

续表

代码					类别名称	说明
门类	大类	中类	小类			
	65			软件和信息技术服务业	
		657		数字内容服务	
			6579	其他数字内容服务	含数字文化和数字体育内容服务
J				金融业	本门类包括66~69大类
	66			货币金融服务	
K				房地产业	本门类包括70大类
	70			房地产业	
		704	7040	房地产租赁经营	指各类单位和居民住户的营利性房地产租赁活动，以及房地产管理部门和企事业单位、机关提供的非营利性租赁服务，包括体育场地租赁服务
L				租赁和商务服务业	本门类包括71和72大类
	71			租赁业	
		712		文体设备和用品出租	
			7122	体育用品设备出租	
	72			商务服务业	
		724		咨询与调查	
			7246	体育咨询	含体育策划
		728		会议、展览及相关服务	指以会议、展览为主，也可附带其他相关的活动形式，包括项目策划组织、场馆租赁、保障服务等
			7283	体育会展服务	
N				水利、环境和公共设施管理业	本门类包括76~79大类
	78			公共设施管理业	
		785	7850	城市公园管理	指主要为人们提供休闲、观赏、运动、游览以及开展科普活动的城市各类公园管理活动
P				教育	本门类包括83大类
	83			教育	

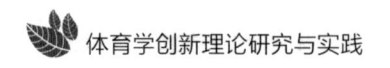

续表

代码 门类	大类	中类	小类	类别名称	说　明
		839		技能培训、教育辅助及其他教育	
			8392	体校及体育培训	指各类、各级体校培训，以及其他各类体育运动培训活动，不包括学校教育制度范围内的体育大学、学院、学校的体育专业教育
Q				卫生和社会工作	本门类包括84和85大类
	85			社会工作	指提供慈善、救助、福利、护理、帮助等社会工作的活动
		852		不提供住宿社会工作	
			8522	康复辅具适配服务	指为老年人、残疾人、运动伤残人员、孤残儿童及其他弱势群体提供的假肢、矫形器、轮椅车、助行器、助听器等康复辅具适配服务的活动
R				文化、体育和娱乐业	本门类包括86～90大类
	88			文化艺术业	
		884	8840	文物及非物质文化遗产保护	指对具有历史、文化、艺术、体育、科学价值，并经有关部门鉴定，列入文物保护范围的不可移动文物的保护和管理活动；对我国口头传统和表现形式，传统表演艺术，社会实践、意识、节庆活动，有关的自然界和宇宙的知识和实践，传统手工艺等非物质文化遗产的保护和管理活动
		885	8850	博物馆	指收藏、研究、展示文物和标本的博物馆的活动，以及展示人类文化、艺术、体育、科技、文明的美术馆、艺术馆、展览馆、科技馆、天文馆等管理活动

续表

代码				类别名称	说明
门类	大类	中类	小类		
		887	8870	群众文体活动	指对各种主要由城乡群众参与的文艺类演出、比赛、展览、文艺知识鉴赏等公益性文化活动的管理活动,以及群众参与的各级各类体育竞赛和活动
	89			体育	
		891		体育组织	指专业从事体育比赛、训练、辅导和管理的组织的活动
			8911	体育竞赛组织	指专业从事各类体育比赛、表演、训练、辅导、管理的体育组织
			8912	体育保障组织	指体育战略规划、竞技体育、全民健身、体育产业、反兴奋剂、体育器材装备及其他未列明的保障性体育管理和服务
			8919	其他体育组织	指其他由体育专业协会、体育类社会服务机构、基层体育组织、全民健身活动站点、互联网体育组织等提供的服务
		892		体育场地设施管理	指可供观赏比赛的场馆和专供运动员训练用的场地设施管理活动
			8921	体育场馆管理	指对可用于体育竞赛、训练、表演、教学及全民健身活动的体育建筑和室内外体育场地及相关设施等管理活动,如体育场、田径场、体育馆、游泳馆、足球场、篮球场、乒乓球场等
			8929	其他体育场地设施管理	指设在社区、村庄、公园、广场等对可提供体育服务的固定安装的体育器材、临时性体育场地设施和其他室外体育场地设施等管理活动,如全民健身路径、健身步道、拼装式游泳池等

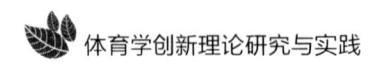

续表

门类	大类	中类	小类	类别名称	说　明
		893	8930	健身休闲活动	指主要面向社会开放的休闲健身场所和其他体育娱乐场所的管理活动
		899		其他体育	指上述未包括的体育活动
			8991	体育中介代理服务	指各类体育赞助活动、体育招商活动、体育文化活动推广，以及其他体育音像、动漫、影视代理等服务
			8992	体育健康服务	指国民体质监测与康体服务，以及科学健身调理、社会体育指导员、运动康复按摩、体育健康指导等服务
			8999	其他未列明体育	指其他未包括的体育活动
	90			娱乐业	
		904		彩票活动	
			9041	体育彩票服务	
		905		文化体育娱乐活动与经纪代理服务	
			9052	体育表演服务	指策划、组织、实施各类职业化、商业化、群众性体育赛事等体育活动的服务
			9054	体育经纪人	
			9059	其他文化艺术经纪代理	指除文化娱乐经纪人、体育经纪人、艺术品、收藏品经纪代理以外的其他文化艺术经纪代理
S				公共管理、社会保障和社会组织	本类包括91~96大类
	95			群众团体、社会团体和其他成员组织	
		952		社会团体	

续表

代码				类别名称	说　明
门类	大类	中类	小类		
			9521	专业性团体	指由同一领域的成员、专家组成的社会团体（如学科、学术、文化、艺术、体育、教育、卫生等）的活动

二、体育产业概念与主要内容

体育产业是指为社会提供各种体育产品（货物和服务）和体育相关产品的生产活动的集合。分类范围包括：体育管理活动，体育竞赛表演活动，体育健身休闲活动，体育场地和设施管理，体育经纪与代理、广告与会展、表演与设计服务，体育教育与培训，体育传媒与信息服务，其他体育服务，体育用品及相关产品制造，体育用品及相关产品销售、出租与贸易代理，体育场地设施建设11个大类。它以《国民经济行业分类》（GB/T 4754-2017）为基础，是对国民经济行业分类中符合体育产业特征的有关活动的再分类。

《体育产业统计分类（2019）》突出了我国体育活动的特点和实际发展现状，充分考虑了体育产业发展中的新业态和新模式。它包含了体育领域内的大部分活动，是属于国民经济行业中下位的具体分类，见表1-2。

表1-2　体育产业分类及与国民经济行业分类对照表

代码			类别名称	说　明	国民经济行业分类代码及名称（2017）
大类	中类	小类			
01			体育管理活动		
	011	0110	体育社会事务管理活动	指各级政府部门体育行政事务管理机构的管理活动	9224*社会事务管理机构
	012	0120	体育社会组织管理活动	指体育专业团体、体育行业团体和体育基金会等的管理和服务活动	9521*专业性团体 9522*行业性团体 9530*基金会
	013	0130	体育保障组织管理活动		8912体育保障组织

续表

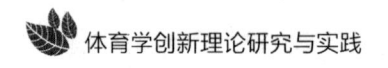

代码 大类	代码 中类	代码 小类	类别名称	说　明	国民经济行业分类代码及名称（2017）
02			体育竞赛表演活动		
	021	0210	职业体育竞赛表演活动	指商业化、市场化的职业体育赛事活动的组织、宣传、训练，以及职业俱乐部和运动员的展示、交流等活动。主要包括足球、篮球、排球、棒球、乒乓球、羽毛球、拳击、马拉松、围棋、电子竞技等运动项目	8911★体育竞赛组织
	022	0220	非职业体育竞赛表演活动	指非职业化的专业或业余运动项目比赛、训练、辅导、管理、宣传、运动队服务、运动员交流等活动，以及赛事承办者和相应推广机构等组织的活动	8911★体育竞赛组织
03			体育健身休闲活动		
	031	0310	运动休闲活动		5623体育航空运动服务 8930健身休闲活动
	032		群众体育活动		
		0321	民族民间体育活动	指区域特色、民族民间体育（其中包括少数民族特色体育）以及体育非物质文化遗产的保护等活动	8840★文物及非物质文化遗产保护
		0322	其他群众体育活动	指由各级各类群众体育组织（其中包括各级体育总会、基层体育俱乐部等）、体育类社会服务和文体活动机构、全民健身活动站点等提供的服务和公益性群众体育活动	8870★群众文体活动 8919其他体育组织

续表

代码 大类	中类	小类	类别名称	说 明	国民经济行业分类代码及名称（2017）
	033	0330	其他体育休闲活动	指体育娱乐电子游艺厅服务，网络体育游艺、电子竞技体育娱乐活动，游乐场体育休闲活动等	6422*互联网游戏服务 9012*电子游艺厅娱乐活动 9013*网吧活动 9020*游乐园
04			体育场地和设施管理		
	041	0410	体育场馆管理		8921体育场馆管理
	042	0420	体育服务综合体管理	指以运动健身、体育培训、体育用品销售、运动康复等体育服务为主，融合了餐饮、娱乐、文化等多项活动的综合体的管理	7222*商业综合体管理服务
	043	0430	体育公园及其他体育场地设施管理	指对设在社区、村庄、公园、广场等可提供体育服务的固定安装的体育器材、临时性体育场地设施和其他室外体育场地设施的管理（如全民健身路径、健身步道、拼装式游泳池），以及对体育主题公园的管理等	7850*城市公园管理 8929其他体育场地设施管理
05			体育经纪与代理、广告与会展、表演与设计服务		
	051		体育经纪与代理服务		
		0511	体育经纪人		9054体育经纪人
		0512	体育保险经纪服务	指体育保险经纪服务	6851*保险经纪服务
		0513	体育中介代理服务		8991体育中介代理服务
		0514	体育票务代理服务	指体育票务服务和体育票务代理服务	7298*票务代理服务
	052		体育广告与会展服务		

续表

代码 大类	代码 中类	代码 小类	类别名称	说　明	国民经济行业分类代码及名称（2017）
		0521	体育广告服务	指各类体育广告制作、发布等活动	7251*互联网广告服务 7259*其他广告服务
		0522	体育会展服务		7283体育会展服务
	053		体育表演与设计服务		
		0531	体育表演服务		9052体育表演服务
		0532	体育设计服务	指体育产品工业设计、体育服装设计、体育产品和服务的专业设计、体育和休闲娱乐工程设计等服务	7484*工程设计活动 7491*工业设计服务 7492*专业设计服务
06			体育教育与培训		
	061	0610	学校体育教育活动	指专业体育院校的教学活动，高等、中等院校的体育运动，体育经济、体育管理等专业的教学活动，各级各类学校的体育课程教学活动，各级各类学校的校园体育活动	8321*普通小学教育 8331*普通初中教育 8332*职业初中教育 8334*普通高中教育 8336*中等职业学校教育 8341*普通高等教育
	062	0620	体育培训		8391*职业技能培训 8392体校及体育培训 8399*其他未列明教育
07			体育传媒与信息服务		
	071	0710	体育出版物出版服务	指体育类图书、报纸、期刊、音像制品、电子出版物出版和数字出版服务	8621*图书出版 8622*报纸出版 8623*期刊出版 8624*音像制品出版 8625*电子出版物出版 8626*数字出版 8629*其他出版业
	072	0720	体育影视及其他传媒服务	指体育新闻的采访、编辑和发布服务，体育广播、电视、电影等传媒节目的制作与播出以及体育摄影服务等	8060*摄影扩印服务 8610*新闻业 8710*广播 8720*电视 8730*影视节目制作

续表

代码 大类	代码 中类	代码 小类	类别名称	说明	国民经济行业分类代码及名称（2017）
	073	0730	互联网体育服务	指互联网体育健身与赛事服务平台，体育APP应用，以及互联网体育信息发布、体育网络视听、体育网络直播、体育大数据处理、体育物联网和"体育+互联网+其他业态"的融合发展活动等其他互联网体育服务	6422*互联网游戏服务 6429*互联网其他信息服务 6432*互联网生活服务平台 6450*互联网数据服务 6490*其他互联网服务
	074	0740	体育咨询		7246体育咨询
	075	0750	体育博物馆服务	指用于展现体育历史发展过程、收藏展示体育文物、宣传体育科普知识、弘扬体育文化、传承体育精神等的博物馆	8850*博物馆
	076	0760	其他体育信息服务	指电子竞技数字内容服务、体育运动地理遥感信息服务和其他数字体育内容服务，以及体育培训、赛事、健身软件和电子竞技产品制作等体育应用软件开发与经营等信息技术服务	6513*应用软件开发 6571*地理遥感信息服务 6572*动漫、游戏数字内容服务 6579*其他数字内容服务 7242*市场调查
08			其他体育服务		
	081	0810	体育旅游服务	指观赏性体育旅游活动（如观赏体育赛事、体育节、体育表演等内容的旅游活动），组织体验性体育旅游活动的旅行社服务，以体育运动为目的的旅游景区服务，以及露营地、水上运动码头、体育特色小镇、体育产业园区等的管理服务	5531*客运港口 6140露营地服务 7221*园区管理服务 7291*旅行社及相关服务 7869*其他游览景区管理

续表

代码 大类	代码 中类	代码 小类	类别名称	说　明	国民经济行业分类代码及名称（2017）
	082	0820	体育健康与运动康复服务	指体质测试与监测服务，运动理疗服务，运动康复按摩服务，科学健身调理服务，科学健身指导服务，如专科医院、中医医院、民族医院和疗养院提供的运动创伤治疗、运动康复等服务，运动康复辅具适配服务，运动减控体重、运动养生保健等其他体育健康服务	8053★养生保健服务 8412★中医医院 8414★民族医院 8415★专科医院 8416★疗养院 8522★康复辅具适配服务 8992体育健康服务
	083	0830	体育彩票服务		9041体育彩票服务
	084	0840	体育金融与资产管理服务	指体育基金（含体育产业投资基金）管理服务，运动意外伤害保险服务，体育投资与资产管理服务，体育资源与产权交易服务	6720★公开募集证券投资基金 6731★创业投资基金 6732★天使投资 6760★资本投资服务 6814★意外伤害保险 7212★投资与资产管理 7213★资源与产权交易服务
	085	0850	体育科技与知识产权服务	指体育科学研究服务，运动医学和实验发展服务，体育装备新材料研发，体育知识产权相关服务	7320★工程和技术研究和试验发展 7340★医学研究和试验发展 7350★社会人文科学研究 7520★知识产权服务
	086	0860	其他未列明体育服务		7481★工程管理服务 7482★工程监理服务 8211★建筑物清洁服务 8219★其他清洁服务 8999其他未列明体育
09			体育用品及相关产品制造		
	091		体育用品及器材制造		

续表

代码 大类	代码 中类	代码 小类	类别名称	说 明	国民经济行业分类代码及名称（2017）
		0911	球类制造		2441球类制造
		0912	冰雪器材装备及配件制造	指雪上、冰上运动项目器材装备及配件制造。主要包括滑雪类运动项目（含滑雪、北欧两项等）、滑冰类运动项目（含滑冰、花样滑冰、冰壶、冰球、雪橇运动等）的器材装备及配件制造，其他雪上、冰上运动器材装备及配件制造	2442★专项运动器材及配件制造
		0913	其他体育专项运动器材及配件制造	指除冰雪器材装备外的各项竞技比赛和训练用器材及用品、相关体育场地器材设施的生产活动	2442★专项运动器材及配件制造
		0914	健身器材制造		2443健身器材制造
		0915	运动防护用具制造		2444运动防护用具制造
		0916	特殊体育器械及配件制造	指武术、散打器械和用品制造，运动枪械及其用弹制造	3329★其他金属工具制造 3399★其他未列明金属制品制造
		0917	其他体育用品制造		2449其他体育用品制造
	092		运动车船及航空运动器材制造		
		0921	运动汽车、摩托车制造	指生产、改装运动型多用途汽车，以及越野、山地、场地等运动摩托车制造	3630★改装汽车制造 3751★摩托车整车制造
		0922	运动船艇制造	指赛艇、皮划艇、帆船、帆板、汽艇、摩托快艇、小艇、轻舟等运动器材及辅助用品制造	3733★娱乐船和运动船制造
		0923	航空运动器材制造	指体育航空器运动器材及零配件制造	3749★其他航空航天器制造
	093		体育用相关材料制造		

续表

代码 大类 | 中类 | 小类	类别名称	说　明	国民经济行业分类代码及名称（2017）
| | 0931	运动地面用材料制造	指体育场馆的运动场地用木地板、塑胶和地胶的制造，运动场、高尔夫场等场地用的人造草坪制造	2034*木地板制造 2916运动场地用塑胶制造 2928*人造草坪制造
| | 0932	体育用新材料制造	指用于体育用品、设备、器材等的金属合金材料、高强玻璃钢、高强合成纤维、高强碳纤维、高分子复合纤维等材料的制造	2651*初级形态塑料及合成树脂制造 2652*合成橡胶制造 2653*合成纤维单（聚合）体制造 2659*其他合成材料制造 2829*其他合成纤维制造 3061*玻璃纤维及制品制造 3062*玻璃纤维增强塑料制品制造 3240*有色金属合金制造
| 094 |	体育相关用品和设备制造		
| | 0941	运动服装制造		1811运动机织服装制造 1821运动休闲针织服装制造
| | 0942	运动鞋帽制造	指纺织面运动鞋、运动皮鞋、运动用布面胶鞋、运动用塑料鞋靴及其他运动鞋制造，相关运动服饰制造，不包括运动帽、游泳帽的制造	1830*服饰制造 1951*纺织面鞋制造 1952*皮鞋制造 1953*塑料鞋制造 1954*橡胶鞋制造
| | 0943	体育场馆用设备制造	指体育计时记分系统设备制造，体育场馆塑料座椅制造，体育场馆灯光、音响、电子屏幕等设备制造	2140*塑料家具制造 3873*舞台及场地用灯制造 3934*专业音响设备制造 3939*应用电视设备及其他广播电视设备制造 4028*电子测量仪器制造 4030*钟表与计时仪器制造

第一章　体育学创新的概念与内涵

续表

代码 大类	代码 中类	代码 小类	类别名称	说　明	国民经济行业分类代码及名称（2017）
		0944	体育智能与可穿戴装备制造	指体育场馆、健身房等场所和体育训练、竞赛、健身等活动用的智能设备和用品制造，可穿戴运动装备制造，运动智能无人机制造	3961*可穿戴智能设备制造 3963*智能无人飞行器制造 3969*其他智能消费设备制造
		0945	运动饮料与运动营养品生产	指运动功能性饮料、运动营养食品生产	1491*营养食品制造 1529*茶饮料及其他饮料制造
		0946	体育游艺娱乐用品设备制造	指供室内、桌上等游艺及娱乐场所使用的运动游乐设备（保龄球、台球、沙狐球、桌式足球等）、体育游艺器材和娱乐用品（军棋、跳棋、扑克牌等），主要安装在室内游乐场所的电子游乐设备，以及体育比赛用飞镖等弹射用具和汽车、火车、航空等仿真运动模型等产品的制造	2319*包装装潢及其他印刷 2451*电玩具制造 2452*塑胶玩具制造 2453*金属玩具制造 2454*弹射玩具制造 2459*其他玩具制造 2462游艺用品及室内游艺器材制造
		0947	运动休闲车制造	指野营宿营车挂车、房车及其配件制造，运动休闲两轮车及配件制造，非公路休闲车及配件制造	3660*汽车车身、挂车制造 3761*自行车制造 3780*非公路休闲车及零配件制造
		0948	运动康复训练和恢复按摩器材制造	指运动康复训练器材、恢复按摩器材制造	3586*康复辅具制造 3856*家用美容、保健护理电器具制造
		0949	户外运动器材及其他体育相关用品制造	指户外帐篷、运动眼镜等户外运动器材制造，体育项目用网（兜）制造，体育奖杯和纪念证章以及其他体育相关用品制造	1782*绳、索、缆制造 1784*篷、帆布制造 3389*其他金属制日用品制造 3587*眼镜制造 3792*水下救捞装备制造
10			体育用品及相关产品销售、出租与贸易代理		

续表

代码 大类	代码 中类	代码 小类	类别名称	说　明	国民经济行业分类代码及名称（2017）
	101		体育及相关产品销售		
		1011	体育用品及器材销售		5142体育用品及器材批发
					5242体育用品及器材零售
		1012	运动服装销售	指运动及休闲服装批发、零售服务	5132*服装批发 5232*服装零售
		1013	运动鞋帽销售	指运动鞋帽批发、零售服务	5133*鞋帽批发 5233*鞋帽零售
		1014	运动饮料与运动营养品销售	指运动功能性饮料、运动营养食品批发、零售服务	5126*营养和保健品批发 5127*酒、饮料及茶叶批发 5225*营养和保健品零售 5226*酒、饮料及茶叶零售
		1015	体育出版物销售	指体育图书、报纸、期刊、音像、电子和数字出版物的批发、进出口和销售服务	5143*图书批发 5144*报刊批发 5145*音像制品、电子和数字出版物批发 5243*图书、报刊零售 5244*音像制品、电子和数字出版物零售
		1016	体育游艺等其他体育用品及相关产品销售	指台球、飞镖、沙狐球、仿真运动模型以及游艺娱乐用品及其他体育文化用品批发和进出口服务，休闲运动车零售服务	5149*其他文化用品批发 5238*自行车等代步设备零售 5249*其他文化用品零售
		1017	体育用品及相关产品综合销售	指百货、超市销售中的体育及相关产品零售服务	5211*百货零售 5212*超级市场零售
		1018	体育用品及相关产品互联网销售	指体育用品、运动康复等器材、器具以及运动服装鞋帽的互联网批发和零售，体育电子商务服务	5193*互联网批发 5292*互联网零售

续表

代码			类别名称	说 明	国民经济行业分类代码及名称（2017）
大类	中类	小类			
	102	1020	体育用品设备出租		7122体育用品设备出租
	103	1030	体育用品及相关产品贸易代理	指体育用品及相关产品贸易经纪与代理活动	5181★贸易代理 5189★其他贸易经纪与代理
11			体育场地设施建设		
	111		体育场馆建筑和装饰装修		
		1111	体育场馆及设施建筑	指体育馆工程服务、体育及休闲健身用房屋建设活动，以及城市自行车骑行和健身步道、跑步道工程建筑活动	4720体育场馆建筑 4813★市政道路工程建筑
		1112	体育场馆装饰装修	指体育场馆建筑的装饰装修	5011★公共建筑装饰和装修
	112		体育场地设施工程施工和安装		
		1121	足球场地设施工程施工	指足球场地设施工程施工	4892★体育场地设施工程施工
		1122	冰雪场地设施工程施工	指冰雪场地设施工程施工	4892★体育场地设施工程施工
		1123	其他体育场地设施工程施工	指除足球场、冰雪场之外的其他体育场地设施工程施工	4892★体育场地设施工程施工
		1124	体育场地设施安装		4991体育场地设施安装

三、体育学的发展与现状

人类在漫长的发展过程中，在各种劳动、生活的身体活动中产生经验，经验不断地积累和总结形成认识，认识再通过人类为了提高工作效率、生活质量为导向的思考、归纳、找到规律、进而抽象而上升为知识，知识在经过反复运用并得到验证后进一步发展到科学层面上形成体育学的知识体系，处于不断发展和进步的体育学知识体系根据内在的某些共性特征进行划分而成体育学的不同学科，体育学科是相对独立的知识体系。从某种意义上说学科就是灵魂，体育学科就是体育行业的灵魂。

体育学是要研究以上庞大的多领域的一门科学，从所包含的内容决定了体育学学科性质的复杂性，是一门"综合学科""交叉学科""人体科学""社会科学""应用科学""教育科学""自然科学"。体育学最根本的研究对象是人的运动行为。由于体育学的复杂性，放眼全球，当前国际上也呈现体育概念多样化理解的特征，当前使用最多的三个术语是Physical Education（体育教育）、Sport（体育运动），Physical Activity（身体活动）。2015年，联合国教科文组织大会通过新的体育宪章，全称为《国际体育教育、身体活动和体育运动宪章》(International Charter of Physical Education, Physical Activity and Sport)。在体育学术领域，国际上无中文体育科学这样的统合概念，一般认为 Physical Education（PE），主要是职业培训导向的，缺少学科应有的学术性，将降低学科地位；在美国、加拿大和澳大利亚等地经常采用（Kinesiology）来取代 PE。但国际体育学界似乎还没有 Kinesiology 的国际组织，目前最具影响力的国际体育科学组织是"国际体育运动科学和体育教育理事会"（International Council of Sport Science and Physical Education，ICSSPE）。

中国的体育概念开始于清朝末期，经历民国时期的发展，中华人民共和国成立后受以苏联为首的东欧社会主义国家影响，改革开放后快速发展，到现在形成相对独立的体育学学科体系。体育学是一门综合运用多学科的知识解决体育实践问题过程中构建起来的知识体系，是一个多学科知识体系和研究方法交叉、融合的知识创造和人才培养的系统，体育学本身具有复杂性。在"大科学"的大背景下，学科边界被不断打破，新学科的诞生和高科技成果的取得无不是多学科交叉融合的结果。要实现高质量、快速度的科学创新，学科交叉已经成为一个重要的途径，单一学科的研究已经很难满足社会进步的需求，也很难取得创新性的研究成果，自然学科和人文学科内部交叉甚至是自然学科和人文学科之间的交叉已经成为当前科学发展的一个重要趋势。正如路甬祥院士所言，"学科交叉点往往就是科学新的生长点新的科学前沿，这里最有可能产生重大的科学突破，使科学发生革命性的变化"。体育学是一门具有学科交叉性质的综合学科，对于体育学而言，从其发轫之始就和其他学科有着千丝万缕的联系，学科的发展壮大也是通过不断和其他学科交叉融合实现的，可以说学科交叉既是体育学知识创新的主要手段也是学科体系得以演化成型的主要途径。研究体育学学科交叉问题对促进我国体育学基本理论创新、增强学科整体实力以及提升学科地位都具有非常重要的现实意义和深远的战略意义。当今世界任何重大的科学问题都离不开多学科的协同与综合研究，跨学科研究已是当今学科发展的重要特点和研究趋势。唯物辩证法指出，物质世界是运动着的内在统一，事物之间存在着必然的联系，科学研究的使命就是探求事物的本质和联系。单一学科进行研究时，我们或多或少地、直接或间接地与其他学科发生这样或那样的联系，这是跨学科研究不自觉的起点。我们在后来的研究中发现，学科间的空白区域或学科边缘往往是重大发现或新学科的生长点，逐渐引起了研究者的重视。无论是自然科学还是社会科学都存在着这样的科学规律。基于这样的认识，科学家和科学管理者都越来越重视跨学科的研究。跨学科研究的目的主要在于通过超越以往分门别类的研究方式，对问题进行整合性探索。它吸收和集中了学科之外的非学科因素，突出了研究对象的复杂性和研究活动的群体性，能够显著地提高科学实践的效果。21世纪以来，综合化和整体化是学科发展的总趋势。当前国际上有前景的新兴学科大多具有跨学科性质，它们通过跨学科研究解决单一学科不能解决的复杂问题，许多采用跨学科方法或通过跨学科研究与合作的科学家都取得了令人瞩目的成就。跨学科研究已成为当今科学探索的一种新的范式，它好比连接多个学科的桥梁，对问题的选择、学科的认识或是逻辑结构进行批判性反思，以更开阔的视野把握学科的内在逻辑和特殊矛盾。跨学科研究已成为学术界乃至整个社会关注的焦点，这种跨学科的研究是值得认真探讨和分析的，尤其是体育科学这样的综合性学科。唯物辩证法指出："事物的联系是普遍的，任何事物内部的各个部分、要素是相互联系的，任何事物与周围的其他事物相互联系着，整个世界是一个相互联系的统一整体；事物的联系是客观的，具有条件性，人们可以根据事物固有的联系，改变事物的状态建立新的联系。"只有通过对事物相互联系和相互作用的考察，才能科学地说明物质的运动、变化和发展的规律。可见，作为揭示研究对象规律的科学研究，其真正任务就是揭示事物或现象之间的固有联系，这一任务的解决不断推动着科学的发展。体育学科的综合性表明它的研究对象具有复杂性，而揭示这种复杂的研究对象，就必然要用联系的观点看待问题。开始于20

世纪初的体育科学研究，使体育科学成为一个永远开放且不断发展的一门新兴学科。如表1-3所示，在我国体育学的分类也呈现出多学科的特性，主要的代码890的体育科学涉及自然科学和人文社会学以外，代码320的临床医学中有运动医学，代码910的统计学中有文化与体育统计学。

表1-3 体育运动学科分类表

代码	学科名称	说明
890	体育科学	
89010	体育史	
89015	体育理论	
89020	运动生物力学	包括运动解剖学等
89025	运动生理学	
89030	运动心理学	
89035	运动生物化学	
89040	体育保健学	
89045	运动训练学	
89050	体育教育学	
89055	武术理论与方法	
89060	体育管理学	
89065	体育经济学	
89099	体育科学其他学科	
320	临床医学	
32014	保健医学	
3201420	运动医学	包括力学运动医学等
910	统计学	
91040	社会统计学	
9104020	文化与体育统计学	

四、体育专业的现状与展望

表1-4 体育学类专业一览表

84	教育学	体育学类	040201	体育教育	教育学	四年	
85	教育学	体育学类	040202K	运动训练	教育学	四年	
86	教育学	体育学类	040203	社会体育指导与管理	教育学	四年	
87	教育学	体育学类	040204K	武术与民族传统体育	教育学	四年	
88	教育学	体育学类	040205	运动人体科学	教育学	四年	
89	教育学	体育学类	040206T	运动康复	理学，教育学	四年	
90	教育学	体育学类	040207T	休闲体育	教育学	四年	
91	教育学	体育学类	040208T	体能训练	教育学	四年	2017
92	教育学	体育学类	040209T	冰雪运动	教育学	四年	2017
93	教育学	体育学类	040210TK	电子竞技运动与管理	教育学	四年	2018
94	教育学	体育学类	040211TK	智能体育工程	教育学、工学	四年	2018
95	教育学	体育学类	040212TK	体育旅游	教育学	四年	2018
96	教育学	体育学类	040213T	运动能力开发	教育学、理学	四年	2019

专业是对应体育领域、体育产业和体育学发展，逐步形成的、体育职业生涯某一阶段或从事体育运动部门的操作规范，而逐步用以描述从事这些规范的人，因此在高校是有若干专业，见表1-4，体育学类目前已经开设13个专业，特别是近几年，从2017年到现在就增加了7个专业，今年更是拓展到医学领域，增加了运动与公共健康专业。专业设置的拓展本身就是一种创新，也意味着体育领域的丰富内涵。

第二节　体育的特征与万众创新本质的契合

"万众创新"具有全民性、广泛性、前沿性、开放性四个方面的本质特征，而体育恰恰拥有与"万众创新"契合的特性。

一、体育的"人民性"特性与万众创新的"全民性"重合

中华人民共和国成立后，在中国共产党的领导下，人民群众当家做主，正式登上历史舞台，决定自己的前途和命运。1949年10月27日，时任中华人民共和国副主席的朱德就在中华全国体育总会成立筹备会（中华全国体育总会第一届代表大会）上说："过去的体育是和广大人民群众脱离的。现在我们的体育事业，一定要为人民服务，要为国防和国民健康服务。"其实当时的《中国人民政治协商会议共同纲领》第48条就已经明文规定"提倡国民体育"。1952年毛泽东在中华全国体育总会成立大会（中华全国体育总会第二届代表大会）题词"发展体育运动，增强人民体质"，这个题词后来成为我国体育工作的根本任务。周恩来总理在1956年中共第八次代表大会和1959年在第二届全国人民代表大会第一次会议上都提出"在广大群众中进一步开展体育运动，广泛发展群众性的体育运动"的主张。改革开放以后，体育的"人民性"得到进一步的发展，邓小平同志提出"把体育运动普及到群众中去"。江泽民提出"全民健身、利国利民、功在当代、利在千秋"。胡锦涛同志更是提出体育应"坚持以增强人民体质、提高全民族身体素质和生活质量为目标"，习近平总书记进一步指出，"体育在提高人民身体素质和健康水平、促进人的全面发展，丰富人民精神文化生活、推动经济社会发展，激励全国各族人民追求卓越、突破自我的精神方面，都有着不可替代的重要作用"。

在十八届五中全会上，以习近平为核心的党中央对发展与人的价值关系

进行了深刻审视并指明："树立新的发展理念，首先要解决为什么人、由谁享有这一根本问题。""一切为了人民，一切依靠人民"，坚持以人民群众为中心，将人民群众的满意度作为衡量体育发展的重要指标。体育的"人民性"伴随着发展方式和发展理念的转变，随着我国体育人口的拓展，带来了全民体育消费能力的提升。全民健康，全面小康，全方位、全周期维护和保障人民健康的理念正在不断深入人心。没有全民健康，就没有全面小康。2016年10月中共中央、国务院印发了《"健康中国"2030规划纲要》，把健康摆在优先发展的战略地位，提出以人民健康为中心，实现全民健康。基于大健康、大卫生的维度，全民健身运动是建构健康中国的辅助手段和重要支撑，广泛开展全民健身活动，满足人民美好生活需要。新的经济、社会发展时期，人民将不断产生新的需要，体育的"人民性"与万众创新的"全民性"的重合，为体育创新的潜力绽放提供了无限的空间。

二、体育的"全面性"与创新的"广泛性"耦合

"天行健，君子以自强不息"。习近平总书记在《把人民健康放在优先发展战略地位》的讲话中提出"加快推进健康中国建设，努力全方位、全周期保障人民健康"的宏大战略，中共中央、国务院《关于加强和改进新形势下高校思想政治工作的意见》提出，坚持"三全育人"，即全员育人、全程育人、全方位育人。按照习近平总书记讲话精神和党中央国务院相关要求，体育突出体现"全面性"思想。体育的"全面性"体现在全覆盖、全周期、全方位三个方面。"全覆盖"，体育涉及所有人群，不管是工人、农民、知识分子、军人、商人、手工业各个行业的人群，还是男性、女性及孕产妇，体育应确保"人人受益"。"全周期"，体育所涉及的不仅仅是成年人，还包括幼儿、儿童少年、老年人，甚至还包括未出生的胎儿通过孕妇的体育运动而受益，因此是浸润到全生命周期的每一个环节，最终实现全生命周期的健康。"全方位"，是指体育涉及国民经济的各个领域，不仅仅包括全民健身、竞技体育和体育产业的内容，还包括体育文化，比如传承中华传统体育文化，优秀民族体育、民间体育、民俗体育的保护、推广和创新，推进传统体育项目文化的挖掘和整理以及

体育文物、档案、文献等普查、收集、整理、保存和研究利用，传统体育类非物质文化遗产展示展演活动，等等。具体到学校体育，不仅是教职工、学生的体育活动，还包括体育思想、体育环境、管理制度、运行模式、评价体系等方方面面，不仅涉及体育教学，还涉及课外体育活动、校园群体竞赛活动、体育代表队训练竞赛、体育单项协会和俱乐部以及校园体育文化建设等方面。体育交流、对外交往方面，不仅仅是与亚洲各国及周边国家的体育交流合作，更要主动与欧美发达国家的体育进行交流，做到互利合作，兼顾与非洲和拉美国家的体育友好关系、互帮互助，给予他们力所能及的支持。重视发展体育类社会组织、体育明星、大众媒体、体育企业、海外华侨等在体育对外交往活动中发挥的作用，形成"全方位"的深度交流。不管是全民健身、竞技体育、体育产业，还是学校体育、社会体育交流，体育领域中方方面面都具有创新的特征，体育的"全面性"与创新的"广泛性"耦合，在人类社会发展中，都是普遍关注、不可或缺的两个要素，仅仅只是人类关注的视角不同而已，都是伴随人类发展和前进点点滴滴、方方面面、相互耦合的要素。

三、体育与创新的"前沿性"

当前，人类开始从关注"吃饱穿暖"这种人类的基本问题逐步发展到关注"健康自我实现"这种人类的"前沿性"问题，体育正是"健康自我实现"这种"前沿性"问题的重要体现。体育所表现出的"前沿性"具有双效特征，第一是教育效应，体育作为重要的教育手段和要素，体现在习近平总书记新时代"五育并重、五位一体"的育人思想中。体育在教育要素中发挥着核心作用，是教育中的最实效的前沿手段和方法，一方面呈现出在教育中"多元协同育人"的特性，也就是说高效、高质的教育一定是体育与德育、智育、美育、劳育融为一体的；另外一方面体育又是所有的教育中最直接、最容易、最前端能表现出教育的效果和价值的教育方式和手段。在一个学校，体育既存在于课堂教学，又存在于课外锻炼和单项体育运动的俱乐部或协会的活动中，还存在于校园的各种活动之中，最能体现的是普遍受到学生追捧的学校体育运动代表队的运动训练与竞赛在我国的地位不断提高，在许多学校"体育特色项目"成为学校的闪亮名片。多种体育活动，比如民族传统体育的文化内涵、体育竞技的精神与现代体育的文化都承载着公民道德建设、爱国主义精神和社会规则意识等多方面的教育内容。第二个是体育活动的健康效应。自发形成的校内校外一体化、自主的体育"教、练、赛"活动都源于人们深刻地认识到体育运动能提高学习、工作效率，增加学习工作生活兴趣，改善生活中的情绪状态，提升大脑日常认知、加工的功能状况，改善智商、情商、逆商水平，提高人的身体素质，运动动作技能，体现的人类的品质、智慧的表现的意识。体育影视作品与赛事的观看给人们带来的正能量，使得德育、美育完美融合。现阶段科技的发展，人的交流越来越少，推动体育除了本身的活动实践外，利用体育的各种组织，比如运动俱乐部和体育项目协会等的管理和运营等体育组织体育赛事的主办、志愿者的服务、比赛的裁判推动学生走向社会化，实现自我人格的完善，甚至是体育器材、场地的使用、维护等等还是劳育的天然良好实施方式，能为"奉献、友爱、互助、进步"的志愿劳动精神提供最佳的实践机会，学生在体育中理解并接受"崇尚劳动、尊重劳动，劳动最光荣、劳动最崇高、劳动最伟大、劳动最美丽"的道理，实现高校体育教育与劳育的完美结合。

人类最新的科学研究成果都会积极主动地应用于体育领域，也就是说体育又是科技前沿的最佳实践场所，因此当代体育具有前沿"科学性"的特征。人的运动是生命存在的本质，生命科学和医学在阐释人类运动中所包含的生理、心理、疾病、健康的生命现象规律时，就赋予了体育科学的自然科学属性。当把人与人之间或者人群与人群之间体育运动的关系与规律，希望把握包括文化、历史、政治、经济、教育、管理等社会现象的规律，体育科学就被赋予了人文社会科学属性；以至于当代体育发展衍生出地运动人体科学、体育测量学、运动养生学、运动医学、运动康复学、运动心理学、体育哲学、体育美学、体育史学、体育经济学、体育管理学、体育工程等等，无一不是深深根植于体育之中，吸收着体育的养分。

2020年9月22日，中共中央总书记、国家主席、中央军委主席习近平在京主持召开教育文化卫生体育领域专家代表座谈会，发表加快建设体育强国的重要讲话，习近平总书记指出："体育是提高人民健康水平的重要途径，是满足人民群众对美好生活向往、促进人的全面发展的重要手段，是促进经济社会发展的重要动力，是展示国家文化软实力的重要平台。"又明确要："'十四五'

时期,坚持问题导向,科学研判体育发展面临的新形势,聚焦重点领域和关键环节,深化改革创新,不断开创体育事业发展新局面。"全面建设社会主义现代化强国,需要在各方面都强起来。体育强则中国强,国运兴则体育兴。体育的前沿性与创新的"前沿性"是互为支撑的两个前沿,前沿之间的交融与碰撞一定会产生巨大的爆发力,服务于人类。体育一直就处于人类自身发展的最前沿,而创新的性质也决定了它的前沿性特征。体育创新因此具备了天然的融合性,体育领域的创新元素和动力将成为人类发展的重要特征。

四、"开放性"是体育与创新的共同魅力

体育和创新还有一项共同的开放性,体育是以释放身体的能量为特征,展现的是激情;创新是以释放大脑思考的产物——概念或实物为特征,展现的是智慧;两者相结合无疑给予人们无限想象的空间。

特别是近十年,党的"十八大"以来,我们国家从"十二五"到"十三五"时期,"体育强国"和"创新型国家"是国家战略中的高频词。全面小康到全民健康,必须全面推进各种体育存在形式,包括群众体育、竞技体育、体育产业、体育文化等各方面发展。深入实施全民健身国家战略,使体育公共服务水平大力提升和有效改善。结合2022年北京冬奥会大力发展冰雪运动,体育产业与体育事业都取得了更好的发展,在提高人民身体素质和健康水平、促进人的全面发展,丰富人民精神文化生活、推动经济社会发展,激励全国各族人民弘扬追求卓越、超越自我的精神等方面,充分发挥了不可替代的重要作用。"十四五"时期是我国在全面建成小康社会基础上开启全面建设社会主义现代化国家新征程的第一个五年。体育与创新更是结合紧密,奋进新时代、迈上新征程,把体育健身同人民健康结合起来,把弘扬中华体育精神同坚定文化自信结合起来,坚持举国体制和市场机制相结合,牢记初心,不忘使命,持之以恒,创新推进,才能不断向体育强国目标迈进。体育承载着国家强盛、民族振兴的梦想,关乎人民幸福,关乎民族未来。加快建设体育强国,就要深刻把握体育强国梦与中国梦息息相关的定位,把体育事业融入实现"两个一百年"奋斗目标大格局中去谋划和推进。"发展体育事业不仅是实现中国梦的重要内容,

还能为中华民族伟大复兴提供凝心聚气的强大精神力量。"在新的起点上，加快体育强国建设，不断发展体育事业，不断提高人民健康水平，我们就一定能为实现伟大梦想注入源源不断的活力和动力。百年未有之大变局！新科技与新工业革命持续发力，人工智能、生命科学、量子计算、无人化等日新月异，跨界融合、质变突破、叠加飞跃势头迅猛，无一不体现体育学的身影。体育学的创新发展在更加方便与造福民生的同时，也许可以更好地预防与解决人员失业、安全失控、伦理失序的风险，在重构人类生产与生活方式方面发挥巨大效益。科学技术与产业革命必将人类带向飞跃！而陪伴人类飞跃的必将是体育高度发达跟人类自身带来的自身强大。"开放性"更是保证体育创新不断持续发展的基本特征和保障，只有开放才能有机会相互交流、各种现象融合，才能创造新的未来！

第三节　创新与体育定位的思辨

一、在创新的基本概念中解析体育领域的创新

创新是一种不断追求卓越、进步和发展的理念和过程，从中文字意表面上理解创新就是创造新的东西。最早提出创新理论的是在经济学领域，1912美国哈佛大学教授熊彼特在他的著作《经济发展概论》中提出："创新是指把一种新的生产要素和生产条件的'新结合'引入生产体系。是建立一种新的生产函数，即企业家实行对生产要素的新结合。它包括：引入一种新产品，采用一种新的生产方法，开辟一个新市场，获得原料或半成品的新供给来源，建立新的企业组织形式。随着科技进步、社会发展，对创新的认识不断深化、演化，创新的形式越来越多样、创新的场景越来越普遍，使得人们对创新的理解和认识越来越多元化，显示出仁者见仁、智者见智的特征，特别是知识社会的到来，创新模式的变化进一步被研究、被认识。创新实际上是一个把发明、发现和创意转化、提升为实际应用价值的实现过程，这个过程是多元的、复杂的，

包含创新来源、创新内容、创新领域、创新程度以及创新参与者的复杂多元性。但本质是创造新的效益和更高的效率。体育作为一个综合性的领域，随着经济条件的改变，人们体育需求的不断释放，同样呈现出仁者见仁，智者见智的特征，对于体育的概念、体育本质仍然没有明确的界定。由于研究领域的复杂性，有学者建议研究者须从不同的维度去开展研究，即可以从时间维度、空间维度和思维维度三个维度展开。具体的内容和方法是可以采用历史的视野与方法去考镜源流；采用哲学发展的观点与方法做到与时俱进；采用比较的思维与方法去分析古今中外；采用辩证的逻辑与方法善于抓住面临问题的关键；采用批判的观点与方法而勇于扬弃，采用综合归纳的视野与方法去整合。

二、以创新的不同层面多视角思辨体育现象

把握创新的基本含义首先需要从层面上划分为两个层面，即宏观层面和微观层面，宏观层面具有三个视角：分别是从国家治理角度、科技管理角度和经济运行角度，而微观层面应从个人创新思维的角度，创新的时空性特征去描述和理解创新。

国家治理角度的创新发展主要体现在2020年11月中国共产党十九届五中全会通过了《中共中央关于制定国民经济和社会发展第十四个五年规划和二〇三五年远景目标的建议》。《建议》明确指出，"作为党的十九大对实现第二个百年奋斗目标的两阶段推进的战略安排的第一阶段，即到二〇三五年基本实现社会主义现代化"，支撑这个远景目标的主要任务和内容是进入创新型国家前列，建成体育强国、健康中国，并且将创新理念居于创新、协调、绿色、开放、共享的五大新发展理念首位。作为发展理念的创新是广义的，是"贯穿党和国家一切工作"中的，是包括理论创新、制度创新、科技创新、文化创新等各方面创新的，是要"让创新在全社会蔚然成风"。弘扬创新理念和提倡创新思维的本质，就是要激发全社会的创造力和发展活力。在体育领域，国家治理层面的创新就是体育强国建设，把创新理念应用于体育领域的方方面面，唯有创新方可实现人民群众体质健康普遍增强；以足球、篮球、排球为标志的体育项目能在国际赛场上与世界一流强队抗衡；中国"智造"的体育产品能进入

世界主流市场，引领消费潮流。

科技管理意义上的创新这就是我们常说的"科技创新"。党的十八大报告确定的创新驱动发展战略中的"创新"主要是指科技创新，但这也是广义理解的科技创新，其内涵是极为丰富的。深入理解"科技创新"，首先要避免中文表达时容易产生的"误导"，从构成要素来看，"科技创新"其实是"科学""技术"和"创新"三个概念的并列组合，比如经济合作与发展组织（OECD简称经合组织）每年都会发布一个科技创新展望的年度报告，最新的《OECD科学、技术与创新展望2021》报告（*OECD Science, Technology and Innovation Outlook 2021*）2021年1月12日发布，其英文名就表明"科学、技术和创新"这三个概念是并列关系。其次从三个要素的深层含义分析，所谓"科学创新"，严格地说并非"创新"而是"科学发现"，是大家熟知的科学研究或基础研究中发现新的自然规律和知识，科学研究、基础研究的基本主体是科学家和学者，支持科学发现的动力往往是责任、兴趣和好奇心。所谓"技术创新"，是指人类在实践应用中的技术发明，就是设计或制造出新的工具、材料、配方等，就是应用开发研究，其基本主体是工程师。第三个要素是"创新"，"创新"即产业创新，就是产业变革，也就是经济学意义上的"创新（Innovation）"，是建立一种新的"生产函数"，即调整现有生产要素和生产条件的组合，对它们进行各种方式的重组和再造，使资源配置的效率不断得到提升和优化，最终的创新成果——无论是有形产品还是无形服务，都必须在市场上最终转化为价值，其基本主体是企业家。实质上就是马克思所说的"变革劳动过程的技术条件和社会条件"从而"变革生产方式本身"。因此，经济学意义上的创新包含所有与"生产函数"相关的制度创新、文化创新、管理创新、商业模式创新、业态创新等，三个要素中的"科学创新""技术创新"是产业创新的前提和基础。从某种意义上来说，经济学意义上的创新是可以包含科学发现和技术发明的，因为科学和技术创新的实质就是对"生产函数"中的科学原理、生产技术变量进行变革。通过与科学和技术的紧密关系，科学发现和技术发明也成为"生产函数"的"间接变量"。因此，把"科技创新"作为经济学意义上的创新来整体把握也有事物本身的特征规律。经济学上的产业变革必将引起人自身上的变革，推动人的自我完善。体育最本质的创新是人类能够实现自我解放的科技创新，它包含人运动的生命科学机理，以提高人的运动能力和适应环境的能力为目标的方法、手段的创新，体育活动相关产业的创新，三者之间的关系是对于人体运动科学的发展以及相应的新技术的出现，是推动体育产业发展的原动力。

宏观层面的实现，必须依靠微观层面的落实，党的十八大以来，习近平总书记多次强调各级领导干部要努力掌握科学的思维方法，提高科学思维能力。科学思维能力的重要内容就是创新思维能力。创新思维是属于个人所具有的一种基本能力，具体来说创新思维的前提是具有可以因时制宜、需要知难而进、最终能够实现开拓创新的一种思维方式。具有创新思维的人通常不受陈规约束，具有对问题作出新解答的创造性思维。创新思维是人类特有的高级思维活动与精神过程，是人类一切创新活动的生命之基、精神之核、思想之源。以创新思维为内容的科学思维帮助人类突破自我束缚，推动全社会创新理念的形成。体育领域的创新思维显得尤为重要，是体育走向科学化的必由之路，体育伴随人类发展的脚步一步一步走来，由于受到自身科技和经济的限制，未发展到一个很高的层次，现在人类的体育需求需要拥有创新的思维去发现、发明和创造，去一点一滴地挖掘，使人类自身的运动水平和健康保障机制达到一个更高的水平。

三、体育学科发展中蕴含的创新

人类在探索世界、认识世界、创造世界的过程中，执行意识、承受刺激的载体是身体，身体会利用一切可控制的媒介和工具最终改变世界。基于认知科学，形成体育学中最基本的观点就是辩证统一的身体认知观。身体认知观中所展现出的对外在世界的感知、体验、思考和顿悟等正是创新之源。身体认知观认为个体是创新的主体，是巨大的创新孵化器。

从身体本身出发，考量身体活动与外在的关系，因此形成的体育学创新具有跨学科研究、多学科研究和超学科研究的天然优势和潜力。跨学科研究的核心是强调研究的交叉性，实现新的学科进步发展。这种学科进步主要体现在两个方面，一是学科交叉的区域形成开创全新的研究领域，如人体运动信息的精准监控技术，没有运动学、材料学、信息学等多个学科的支撑，这种技术是无法实现的；二是通过学科交叉整合促进各学科的理论与方法更新发展，如可穿戴的人体运动信息精准监测技术，可以发现并解决运动科学研究的"空白地带"，交叉整合材料学、计算机科学、生物信息学、分子生物学等学科知识与方法，丰富、促进与发展了各学科原有的知识与方法。因此，跨学科研究受到各国的普遍重视，纷纷建立跨学科研究中心（专项计划与科研项目），甚至在高校也成立跨学科的院系，培养跨学科研究力量。体育学科本质决定体育领域内跨学科越来越常见，并催生了一批新的领域，也促进各学科知识与方法的更新发展。

体育学多学科研究倾向于各学科知识与方法的实践应用，体育现象无所谓学科，采用哪个方面的学科知识和方法去解决体育中的问题，就会具有相应学科的特征，单纯地说，该学科的知识和方法是累积性的，并非相互作用的，不会为其他学科带来新的知识发展，不会从整体上导致学科数量的增加或减少。多学科的研究的模式往往采用由某个机构组织并统领全局，通常由一个第三方的机构进行管理，将体育学中某项重大的社会实践或基础理论问题分为若干个相对独立的子系统，比较典型的如2008年北京奥运会科技攻关计划，各学科分别解决本学科力所能及的部分，形成若干个研究子项目，各学科研究成果在学科间实现共享，并保持分享共同利益和学科平等的关系，逐步形成共同研发的生态系统。多学科研究的核心是强调研究的整体性，对社会实践问题的整体认识，或对整个研究模式、形式和功能的系统思考，或对研究结构与信息形成一个整体观念。体育学研究非常适合多学科的研究模式，如运动健康领域，来自不同专业背景的研究者，在他们各自学科所涉及的理论范畴和技术能力范围内，对不同经济水平、不同区域、不同年龄与性别的人群和多种因素错综复杂的人群进行全面监测与评估，进而提出有针对性地运动干预方案。

体育学的研究水平的进一步提升与深化，实质上就是需要进入超学科研究，是指在研究人的身体活动的过程中不同学科间研究相互融合形成一体化形式，这与超越学科知识的统一性原则相适应。超学科研究涵盖了多门相关科学知识以及科学外实践经验问题的解决方法，不仅仅针对科学讨论及衍生的学科研究，还面向研究解决的现实问题。超学科研究的核心是强调研究的共通性，对多学科知识与方法的整合应用程度，是判断是否属于超学科研究的显著标志。

人类社会之所以发展是人类活动不断推陈出新，创造性改造客观世界，产生创新性的变革的结果。人在现实社会中的各种各样的需求，会通过各种创新手段来实现，这种创新活动反过来推动社会的发展和人类的进步。人类不断发展的需要与现实社会不能满足人类需要的矛盾是创新的动力源。体育学科是人类社会文明的一部分，它的发展也需要以创新为动力。通过创新体育学科才能有新发现、新发明和新创造，才能创立新观点、新学说和新理论。只有不断地推陈出新，体育学科才能稳步向前发展。奥林匹克追求"更快、更高、更强"的精神就是对创新要求的外在表现。为了实现奥运精神，体育人必须不断超越自我，向更高的目标挑战，而挑战的动力就来自创新。中国从体育弱国到体育大国，由体育大国向体育强国的迈进，是体育发展由粗放型向集约型，由经验型向科学型转变的结果，这是体育体制创新、管理创新、技术创新、人才创新的综合体现。中国体育在世界赛场上获得的巨大成功无不向世人昭示我国体育改革创新取得的辉煌成绩。体育学科是体育事业发展的先导和支撑，作为科学系统中的有机组成部分，体育学科的进步与发展来源于创新。只有把握体育科学的内在规律，科学、全面地探索体育创新途径和内容，整个体育事业才能蒸蒸日上，才能带来经济效益和社会效益。可见，体育学科的发展离不开创新，创新是体育学科发展的基本动力。

目前，我国体育学科研究的创新能力与世界一流体育强国或与国内其他学科比较都明显不足，学科发展的动力不强，其主要问题就是缺乏揭示复杂体育现象本质的方法，而跨学科、多学科和超学科的研究能促进体育学各分支学科间的整体化和综合化的发展。从体育学研究的发展状况来看，跨学科的研究不能止于多学科间的表象和经验层面的交流，多学科的研究不能局限在单一学科上探讨而缺乏学科间的交流；我国体育科研创新能力的提升，必须是跨学科研究、多学科研究、超学科研究层面上进行实质性的分析和探讨。可以说，体育科研创新的基础夯实、动力来源和质量提升离不开跨学科研究。更多的学科融合，更多的高水平人才的参与，是体育学创新水平提升的必由之路，比如"一战"时期战地记者发明坦克的事例，充分说明了参与是创新的重要元素，而体育学的创新恰恰有着得天独厚的优势，能使不同研究背景的人都能参与，实现体育学创新质量的提升。

四、人才培养中的体育学创新

体育学人才随着时代的发展，其内涵越来越丰富，从涉及的领域看，包括全民健身、竞技体育、体育产业，等等；从涉及的区域或人群包括社区体育、学校体育、职业体育、职工体育、特殊人群体育等。满足现实需要的体育人才必须创新人才培养观，体育学的研究对象是人的运动，包括自然科学和社会科学研究的属性。具体的内容如运用教育学和心理学的理论和方法思考动作技能的传授、学习、表现，等等；运用解剖学、生理学和生物化学等的理论和方法认识"运动员心脏"、"肌纤维类型转化"等问题；运用前沿的生命科学技术"基因芯片技术"和"基因工程"进行兴奋剂检查和运动员选材；运用计算机技术和力学原理分析运动中的技术动作；运动全球定位系统研究人体运动的轨迹和运动环境；运用管理学的理论分析运动队的管理问题；运用经济学的理论分析体育市场的细分等。因此从事体育学研究的人员可以不都是从事体育运动或爱好体育运动的个体，这些人员可能仅仅是一名普通的教师、医生、生理学者、工程人员、律师、会计师等，他们将自身的专业知识和技术用于体育学的问题研究。体育学的快速和良性发展，就必须依赖不同学科的理论、方法，与研究人员有机融合在一起，发挥不同学科的独到作用，这也正是世界普遍联系的哲学观的充分体现，即依据不同的研究问题，以揭示体育现象、问题的本质和规律。体育学只有通过多学科的联合才能发展、壮大，以跨学科研究的方式解决学科发展的困境。这是体育科学走向成熟的必然之路。对于高校培养体育创新型人才来说，由于体育学领域的复合型、学科的多源性，创新人才的培养应该基于领域、产业的培养模式，打破高校原有的学院学科、专业、课程的设置模式，充分融合到体育领域，以体育产业为依托，形成开放、交融的体育学学科发展模式。从创新人才角度支撑体育学科发展，促使体育学交叉融合的学科数量越来越多，学科交叉的跨度越来越大，体育学和外部学科交叉所形成的知识流量的分配由混乱向着有序化发展，学科之间的交叉关系逐渐稳固，促使学科交叉的聚和性越来越强，体育产生学科交叉融合的强度越来越大，学科交叉网络密度越来越高，学科之间的联系越来越密切，使人才还原于体育的全部领域。

第二章　体育学创新的基础与途径

随着科技的快速发展，知识爆炸，创新社会的特征更加明显，高等学校教育在创新人才培养和科技创新领域本身都被赋予了核心和中心地位。当今社会，我们仔细观察就会发现，凡是社会发展程度、经济发展水平和科技发展能力高的国家、城市，都逐渐展现出以高等学校为中心的流动、交换社会智力生活和创新生活的特征。除了人才培养、科学研究、社会服务的基本功能，文化传承及创新也成为高校的基本功能，深刻地影响着社会。习近平总书记也曾经指出："高等教育是一个国家发展水平和发展潜力的重要标志。今天，党和国家事业发展对高等教育的需要，对科学知识和优秀人才的需要，比以往任何时候都更为迫切。"党的十九大报告更是把体育强国、健康中国和"双一流"建设、教育强国摆在一起同部署、同实施。这都对高校在建设体育强国中，如何发挥人才培养、学科发展、科学研究、社会服务等方面的优势提出新的课题。我们国家的高等教育即将由大众教育走向普及教育。

第一节 体育学创新的基础

在体育强国建设的背景下，体育强国之路就是体育学创新发展之路。体育强国的根应该是来自每一个人的体育意识。体育意识越科学、越强烈、越明确，体育强国之路就越宽广、发展速度越快、成就更多。

每一个人的体育意识是实现体育学创新的星星之火。在我国学校教育阶段，有且只有一门课程是针对全部的学生从幼儿教育、小学一年级到大学二年级连续超过十四年开设的课程，那就是体育课程。长年累月的积累促使学生能够主动与体育靠近、结合，在漫长的体育实践中逐步形成了体育意识。终身体育的习惯使得每一个人都有可能在从事体育运动的过程中拥抱创新。特别是在万众创新的时代，这将会成为体育学迸发创新成果的最大潜力。在人发展的所有阶段中，进入高校学习的时期是成年后的青年阶段，这个阶段的人正处于世界观、价值观和个人意识逐步趋向稳定的阶段，这一阶段对培养学生体育的意识，树立正确的健康观，养成良好的体育习惯以及形成终身体育思想具有重要意义。这一阶段的青年都已经从基础教育转向高等教育、专业教育。自我教育的阶段，无疑为体育意识的植入、体育学的创新提供了最佳的外在条件，体育意识的强烈程度，直接影响人们终身体育的形成。培养体育意识需要激发学生运动激情，使学生在运动参与的过程中获得满足，为终身健康生活打下良好的基础；通过学习、锻炼，促使学生身心健康成长，培养学生的自我锻炼能力。

体育强国建设的根基在高校，高校是竞技体育最活跃的场所，终身体育健康意识养成的摇篮，甚至也是体育产业更新迭代、争夺用户的主战场。美国是普遍认为的世界体育第一强国，这个国家的体育体系是值得学习借鉴的，首先是整个国家的竞技体育逐渐形成了以学校为中心的体制，通过各种激励机制将竞技体育人才吸引到高校，由于体育比赛的竞争性、外向性和客观性，大部分的运动员都来自大学，他们在所在的高校都是人们关注的焦点，他们在体育中带来的努力奋进、刻苦耐劳、顽强拼搏、不畏艰难、争强好胜、团结合作、勇于夺标的精神内核激励着每一位在校学生，每一位学生都有良好的条件和机会，在高校接受长周期的系统教育和体育训练，浓厚的体育氛围下，逐步形成强烈的体育意识和卓越的运动水平，其中，精英选手的运动水平就可以在世界各项重要体育赛事中取得优秀的成绩。曾经有人统计，2016年巴西的里约奥运会，美国的冠军有74.8%来自普通高校。我国体育培养体系仍然有着巨大的完善和提升空间，在我国取得奥运冠军的运动员几乎全部来自国家行政体系下的各级各类体校和专业竞技体育运动管理中心，在人才培养的可持续性、资源的利用效率上与欧美都有很大的差距。当前中国的高等教育正由大众教育阶段跃迁到普及化阶段，在这一飞跃的过程中，使得体育具备了依靠高校发展壮大的可能性。通过体育创新，建设完善的体育体系必然会使得各类体育精英人才汇集于高校，发挥中国体制优势、学习美国的先进经验，这必然会激发出无限的创新能量。

体育领域需要自然科学、社会科学或是人文科学的支撑，高等学校恰恰就是学科形成发展优化的主战场，具有所有的传统、新型的学科门类，特别是基础的、成熟的学科非常强大，有着天然的跨学科交叉的优势，是创造新思想的沃土和创新实践的源头。体育学的创新可以充分利用这片沃土生根发芽，也可以利用这里的源头活水茁壮成长，高校特别是具有体育传统的综合类高校，可以以体育为载体，使不同专业的学生走到一起，使得不同专业背景的高素质人才在这个舞台上尽情地碰撞，产生无价的思想火花。具有体育专业的高等院校或者体育高等院校可以充分地利用自身的体育学优势资源，吸引更多学科的人才进入体育专业领域，解决健康中国建设、奥林匹克运动发展、国际体育学科前沿、体育文化传承中的创新问题；还可以集聚科技拔尖人才，以学科发展为主线，打造学科高峰，打造高水平科研平台，打造创新团队，培育重大创新成果，促进成果转化，提高解决体育改革发展重大政策问题和重大科技攻关问题的能力。大数据、互联网、人工智能的发展，正深刻改变着社会生产、生活和思维，也正在推动体育事业、体育产业的变革发展，助力体育强国建设。例如，人工智能不仅能极大地提升健身体验度和健身效果，产生大量的个人健身数据、健康数据，对国民体质现状评估和体育政策制定提供重要参考，还能有效提高运动技能效果和竞技体育成绩，对提升竞技体育实力具有战略意义，同时为体育产业创新发展提供先进的技术手段。面对风起云涌的体育科技创新浪潮，高校应瞄准世界科技前沿，加强对关键共性技术、前沿引领技术、现代工程技术、颠覆性技术的攻关创新，实现在前瞻性基础研究、引领性原创成果方面的重大突破，为竞技体育、群众体育、体育产业的科技创新提供支撑。高校是体育学创新发展的关键载体，如何在这个阶段更有效地为体育领域提供更多的拥抱人类科学技术前沿的机会，是中国体育强国实现与持续的最佳策略与方案。最终的结果是高校培养的创新人才与产生的创新成果反哺于基础教育和社会，形成强大的体育人才和体育发展体系。

第二节 体育创新的形式与内容

体育运动本身是创新的沃土与源头，高等学校要充分利用自身优势，理顺和挖掘高等学校体育学领域的创新的主要途径，把日常的、多样的体育运动实践主动转化为基于运动实践人（个体与群体）的实验与研究、基于运动科学基本理论问题的动物实验以及基于运动场地、器材装备研发的体育工程，从这三个方面孕育着基础与应用的融合，科学技术创新的融合，是体育学创新的本源基础形式。在体育运动实践中沉淀的、传承的，进而发生改变的一切社会、文化、政治、经济现象将成为体育学创新的重要形式。

一、人（个体与群体）的实验与研究

人体是一个结构巧妙而又无时不在变化的复杂有机体，人体实验是指以人体作为受试对象，有控制地对受试者进行观察和研究，通过效应指标的变化情况，揭示实验因素对受试对象影响的规律及机制，以判断假说真理性的行为过程。运动人体实验是将人的运动与运动的人作为研究对象，在人的身体上施加运动干预等因素，并对干预效果作出评价的过程。体育科学研究既要揭示人体运动规律，以帮助人们谋求更好的竞技或锻炼效果，又要研究和探讨体育运

动对每一个社会成员会产生怎样的生物学、社会学、心理学、教育学以及伦理学意义上的效应。

体育科学是一门具有自然科学与人文社会科学双重属性的学科，其自然科学属性属于生命科学的范畴。生命体有其内在的活动规律，要充分认识人体在运动中可能产生的机能变化及其调节机制，才能有效把握时机，获得较好结果。国内外学者从体育学、生物学、医学、力学等学科角度开展了运动中信号转导、运动免疫、运动心脏、运动蛋白质组学、代谢组学、生物芯片技术等分子生物学的研究；从运动技术的诊断和设计、运动员连续动作的图像识别分析、影像技术、体育系统仿真、三维运动学分析法等开展了生物力学研究；从低氧环境对运动成绩的提高、竞技训练竞赛的生理生化指标监控等开展了生理化研究。社会科学研究包括心理性因素、社会环境因素等影响。心理学认为人体行为的目的受内、外动机的双重影响，内部动机源自好奇或好胜的心理；外部动机源自自身之外的其他诱因如奖励、荣誉，等等。社会因素不仅影响人体的行为和决策能力、也可影响人体的生理机能。例如，运动员在此赛中或普通人在竞技状态下机体机能的变化的研究，又如，在进行运动人体实验时必须考虑受试者的情感、动机等因素。"更高、更快、更强"不仅仅是奥林匹克的口号，更是人类需要借助自身的拼搏实现的人类自身的升华，自然科学中对于人类自身运动能力激发的科学发现都将直接推动人类的进步。毫不夸张地预言，人类对于工具改进在产生了巨大的进步以后，将逐步回归到人自身能力的优化与进步，毫不夸张地说这是最使人激动的科学创新领域。

二、动物实验

运动是人存在的本质，但是运动对人的价值与意义，确实会有"当局者迷"之困，同时人类从自身伦理考虑，大量对人体有损的研究是不允许完成的，人类要研究运动的价值和意义，就只能通过动物实验才可以反观。为了获得直观的证据、保证作用于人时的有效性和安全性，在进行一些生命时期跨度长，观察和获得样本难度大，涉及生物学多器官、多时间点发生的机制问题研究时，经常会采用动物实验。另外，从动物本身的健康角度，也有对运动研究的需求。根据研究的需要，会有大量的动物用于体育学的研究，包括从灵长类动物猴子、猩猩到其他哺乳动物如马、狗、兔子、大鼠、小鼠等等到果蝇、斑马鱼等多种动物。动物为人类解决自身之谜和探索自然世界提供了大量的帮助。当然，采用动物实验的创新研究一定要抱有敬畏、负责的态度，严格遵守动物伦理规范，人类需要采用最严谨的方法和体系保证动物实验在其方法设计、实施和报告等方面的严谨性，保证动物实验结果的真实性和可靠性，以及保障实验动物研究结果的可重复性，真正在动物实验中遵循3R原则，分别是Reduction（减少动物的使用）、Replacement（用非动物实验替代动物实验）和Refinement（采用最优化的方式与程序完成实验）。

三、体育工程

体育工程英文为Sports Engineering，是把体育科学和工程科学联系在一起的学科，体育学领域特别是体育创新领域发挥着重要作用。体育工程最显著的特征是技术，主要涉及内容有体育用品、运动装备、体育仪器器材、体育服装鞋帽和体育设施等的研究开发；体育工程是工程学科和体育科学之间的一门交叉学科，它把工程（服装、鞋、设备、器材和其他用品）设计制造、自动化控制和反馈、计算机模拟和仿真技术以及材料科学等高新技术，与运动解剖学、运动生物力学、运动生理学、运动生物化学、运动技能学习和控制、人体测量与评价、运动训练学为主的体育科学相结合，共同研究设计制造适合人体结构和运动特点的体育器材、仪器、装备、用具、服装、鞋和防护用品，甚至还包括体育设施与建筑，等等。对于体育专业学生来说，发展专业技能，提高运动成绩，保障运动安全，促进身心健康，都必须充分依赖体育工程提供的产品，可以说以上体育工程产品的水平直接决定每一位体育运动参与者，特别是体育专业工作者的体验与成就。伴随着每一次的运动实践，每一位体育运动参与者会把体育器材、仪器与装备等的改进革新，逐渐自发地内化成一种需求。而在我国，体育工程虽已经催生了一批体育器材生产企业，这类企业数量非常多、生产规模也很大。但是，体育器材研发存在很突出的问题：体育器材产品性能和科技含量不高，与竞技装备高性能、高科技含量的要求相差甚远；在国内，体育器材研发的标准化不够，研发人员缺乏，国外的体育产品大量涌入国内，从服装、鞋、防护用品到用具、器材、仪器，等等，许多产品可以说是垄断市场，更加显示出问题的突出。体育运动者日益增长的美好运动体验、健康生活需要和不精准、不标准、粗糙的体育工程产品之间逐渐形成尖锐的矛盾。因此可以把体育专业学生熟悉的体育工程产品作为创新创业教育的切入点，积极引导学生在实践中发现问题，适当地提供给他们解决问题的思路与途径，激发学生在自己熟悉的体育仪器、器材与装备方面推陈出新的热情，鼓励学生通过自己的努力，改进或研发自己经常使用的仪器器材与装备，满足自身体育运动实践需求，促进学生创新创业能力的发展，实现学生综合素养的提升。

在当代社会生活中，体育工程的应用可以说是无所不在的。目前体育工程融合性逐渐提高、基本需求不断提升；体育工程领域研发重点关注满足国家层面、地方规划和行业内部的重大共性需求，在竞技体育领域、大众体育、体育产业领域内人工智能、数据科学、可穿戴设备、先进传感器和通信技术等前沿技术、新型体育设施等深度融合。大量涌现的需求涵盖以下五个方面：（1）大众体育的器材、装备和设施，满足人们健康、休闲、娱乐需要，包括利用工业设计和人机工程学方法设计新型全民健身的运动场地和设施；采用人工智能、计算机视觉、先进传感器、可穿戴设备等技术研发新型体育装备和器材；利用大数据、互联网技术、知识库和区块链的方法研发科学健身知识库和处方库；以材料工程技术和方法研制环保、耐老化、耐腐蚀的体育材料等。（2）在竞技体育领域中的科研、测试和训练，满足运动水平提高的需要，包括科技助力2022年北京冬奥会、高水平运动员成长规律的发现和"冠军模型"的研究构建、智能化训练场馆等基础设施的设计和建设等方面的需求。（3）体育教育的教具、器材、设备以及其方法等满足体育教学效果最优化的需要，即将多媒体、智能手机、运动手表、心率监测仪、计步器、加速度计等信息技术手段将与体育教育深度融合。（4）体育产业的技术、产品服务，满足各领域深度融合、协调发展的需要，使残疾人体育、体育消费、体育休闲、运动康复、体育媒体无处不充满生命的活力。（5）体育工程领域自身的研发、实践，满足自身发展需求，体育工程的基础技术手段、基础理论、基本建设和人才培养的需求是自身发展的基本需求。

源头活水也即是生命之源，以体育学国家级实验教学示范中心近年创新创业的成果为例，可以说也许仅仅是一股清流流过，却已经孕育出一片片森林、一片片草地，近五年获得国家专利授权超过100项，开展的内容主要有以下四个方面：（1）人体运动能力与状态测评仪器，利用生理、化学与物理的手段，获得各类运动人群的状态数据并进行分析评价等，常规的运动负荷测试，如"劈叉测试装置""多功能力量测试仪""俯卧撑动作标准度与数量监测设备""反应时测试仪""多功能测试尺""生长发育测试仪"，等等。（2）体育教学、运动训练、运动健身、康复中器材，运动训练辅助的仪器如"跳远训练装置""上肢运动装置""体操训练辅助保护装置""多功能跑步机"等；适合于大众健身的"拉拉带""软式排球"等；应用于康复的"关节持续被动运动仪""电磁波谱治疗仪"等。（3）运动装备，包括专业训练装备、休闲运动装备、旅游或户外运动装备，包括从事运动时的球拍、球、自行车、衣服、鞋、袜子，如"跳绳""羽毛球捡球器""多功能乒乓球拍""家庭用乒乓球桌""负重水衣""可调节鞋钉的钉鞋"，等等。（4）民族传统体育器材，包括武术、跆拳道、舞龙、舞狮、踩高跷，如"跆拳道训练用护脚套""舞蹈用压腿训练器"，等等；（5）体育基础研究器材，包括实验室常规器械、实验中专门的器材，如："人体解剖实验台""动物生理试验台""动物训练泳池""大鼠固定装置""鱼的运动干预装置"，等等。

通过人体实验与研究、动物实验、体育工程三种形式的创新，目前孕育出创新创业训练项目超过200项，催生一系列创业企业、获得各级创新创业奖励。以上成果都是来源于不同创新的"源头活水"。

第三节　体育创新训练的方法与手段：大学生创新训练计划

创新必须具备的条件主要是三个方面，包括创新环境、创新内容和创新途径，体育强国战略和"万众创新"的口号已经营造了浓厚的创新氛围，国家也因此构建了一个利于每一个体创新的良好环境，这个环境是从全社会到每一个高校、每一个人都可以感受到的。体育学拥有丰富的创新内容，高校是实现创新的重要平台，也是目前的最佳途径，特别是大学生创新性实验计划的实施使创新的三个条件更有了中心的聚集效应。

大学生创新性实验计划于2007年由教育部开始实施，旨在激发大学生的创新思维和创新意识，提高其创新实践的能力，改变"学徒式"教育模式所致的创造意识和创新能力缺乏的现状。该计划实施10多年来，对大学生创新意识培养、科研实践活动开展和大学生综合素质培育都起着重要作用。体育学实验中心作为最早一批执行国家大学生创新性实验计划的实验室，借助国家对创新性实验计划的重视，从该计划的发展目标以及深刻内涵出发，积极地启动大学生创新性实验计划相关制度以及教育文化的建设，大力培育创新创业文化，把创新教育融入特色人才培养体系以及教育教学改革探索之中，在学生的实验改革、创新思维意识培养、校园创新文化的建设等方面做出了有益尝试和探索。

《教育部　财政部关于实施"高等学校本科教学教学质量与教学改革工程"的意见》（教高〔2007〕1号）中明确提出实施大学生创新性实验计划项目，是我国高等学校本科教学教学质量与教学改革工程中非常成功的一项实验教学改革成果。大学生创新性实验计划项目的实施打破了传统的知识灌输式教育的单一教育模式，终止了学生完全凭考试分数进行分类评价的情况；非常成功地把学生从单一的、专业导向型的教育模式背景下解放出来，为学生选择符合学生自身特点优势、兴趣爱好的科学研究学习道路，做出科学性、指导性的参考意见和研究学习计划，帮助学生提高其独立思维、创新意识，最终建立完善、全面的教育教学科研体系。2011年《教育部　财政部关于"十二五"期间实施

"高等学校本科教学质量与教学改革工程"的意见》中将大学生创新性实验计划项目进一步拓展，明确指出资助大学生开展创新创业训练。自此创新创业成为一个完整的项目，也因此形成了每年的大学生创新创业计划项目。

在探索大学生创新性实验项目计划实施的过程中，体育学实验中心对大学生创新实验项目实行国家、省、学校与学院四级申报机制。从申报流程来说包括三个明确的阶段，分别如下。

一、开始阶段的选题、申报、立项、开题

大学生创新性实验计划是直接面向大学本科学生，注重学生自主、探索、合作去寻找研究的主题，体育学实验中心早在学生入校开始就会给学生灌输创新研究的理念，引导学生进入具有不同研究内容和方向的研究平台教师的研究工作室，为学生能自主申报项目做好前期准备，使得学生可以根据专业方向选择指导教师，或者根据学生的科研兴趣选择方向。这样的好处还在于，最开始，有部分学生是怀着"参加创新项目能够加学分、保送读研、毕业时找工作或者出国留学能对找学校和专业有帮助"这样的心态进入研究工作室从事研究工作，这样的学生开始时对项目本身没有兴趣和参与热情，经过一段时间的实践和磨炼，这些学生会逐步意识到科研的价值，并产生浓厚的兴趣，能坚持进入实验室的学生，一定是需要兴趣驱动的，而另外一些通过一段时间接触实验室还是没有兴趣的学生就会自然淘汰。学生在实验室的实践经验增加，对关注的领域认识不断加深，自然就会有一些科学研究的想法，教师鼓励学生选择合理的主题并帮助学生设计合理的实现途径，可以说是开展创新性实验研究工作的开端。学生可以以自己为中心，构建研究项目和研究团队，学生拥有自主选择权。从实验初期学生查阅文献，了解项目背景开始，学生会主动联系指导老师进行沟通，介绍自己的想法，在实验室就有环境和机会与其他课题的老师和同学探讨自己项目的创新性和可行性，博采众长，这样获得的选题通常更符合学生的自我现实情况，学生自然会充满兴趣和动力去完成项目设计，积极完成项目申请书的撰写，主动申请自己的创新项目。

学校对学生提交的创新项目会邀请专家进行评审，学校将着重选取能够

体现学生专业综合素质以及创新实践能力的项目选题。引导学生了解该课题科研创新、技术发展的动态前沿，启蒙学生的科学创新思维。以学生为主体考察选题的自主性，突出选题的新颖前瞻性，避免选题过于宽泛、困难与本科生知识能力水平相脱节的情况。开题是大学生创新实验项目开始的一个重要环节，这个环节是保证学生在获得立项后能很快地进入项目的实施阶段，使学生少走弯路，提高项目完成的效率。开题前，项目负责人撰写项目开题报告，经费预算使用说明，开题时，要求学生独立介绍自己申请的项目，可以通过PPT展示并回答专家的提问。

二、项目实施过程中的管理与中期评审

《国家大学生创新性实验计划指南》中的指导原则重要的一点就是强调重视过程，注重有效地提高学生的独立思维、创新意识，引导学生面对问题时积极自信地面对，最终锻炼其实践创新能力的发展过程。为了更好地对项目计划过程实现管理和监督职能，应该采用更为及时、灵活的动态监管体制，多方面、全过程地知悉项目完成进度情况。指导教师是实施过程管理的第一责任人，直接对学生的创新实践过程提供指导。本科生缺少相关科研经验，对课题选取、评估，前中期资料查阅研究、实验设计实施以及后期获取实验结果方面还处于刚接触阶段，容易偏离方向，所以指导老师要充当"引路人"的角色，指导教师不仅要敦促学生踏实认真的完成项目研究，还要带领其朝着更为主动积极的方面进步，使其学会理论知识与实践应用技能进行创新结合。传统的教学实验计划过于注重对于学生的监督管理，由于担心学生经验缺乏，独立意识不强，因此更多地介入学生的学习过程，老师的出发点是正确的，但是学生实际上属于与高中阶段一样被动地接受知识经验，授之以鱼不如授之以渔，这时候指导教师该学会适时地给予学生信任空间，激发学生的积极性，让其体会项目计划实施及参与的满足感。

中期检查对于过程管理至关重要，需要学校出台明确的考核标准，指定相关专家人员定期检查项目的进展，从实验执行层面可以帮助学生更好地完成研究任务，提高大学生创新性实验项目的质量，学校和学院评审人员评定中期

检查所上交进度材料如研究报告、中期成果、教师指导情况以及学生科研实践等自我总结、感受情况，对中期考核表现良好的团队给予表扬和奖励；对进度偏慢的项目敦促其加快科研周期；对于考核不合格的项目应该及时纠正、修改建议，情节严重者可以收回项目，终止提供研究经费。只有严格把关，设置标准红线，早早发现问题并且赏罚分明，才能够调动学生的积极性，不至于让学生荒废时间、浪费机会，最终得以使学生为主体的创新项目达成既定目标，同样这也是在培养其良好的科研素养。

三、项目完成阶段：结题和成果评价

前期积极推动学生进实验室实践，合理选题，中期严格关注进度过程，后期学生实现预期目标就会非常顺利，目前从学校层面已经建立全面、客观的评价激励体系与机制。结题主要关注学生在项目研究的过程进行的训练、得到的指导、获取的经验等与学生综合素质的真正提高有关的问题，提高学生解决问题的能力、从事研究工作的适应能力和执行能力。如果学生的实验结果不完善，或者说不能及时发表科研论文、申请专利等，但是在实验过程中它的理论、思维和实践能力得以提高，这也是一个可接受的结果。相反，极端情况下，由于制定制度时结果唯一论，某些进度偏慢，科研思路遇阻的学生为了按期结题，结果草草了事，更有甚者，铤而走险地进行"拿来主义"复制窃取他人智慧成果。所以，高校制定政策制度是应当适度放宽评价标准，对从事研究的学生全面地进行考核评价。创新思维、意识的提升，理论与实践能力的发展应当成为除结果外的重要参考依据，最终正确引导教师、学生对待创新项目的态度，改变传统模式下的单一通过论文质量、数量、专利成果等作为绝对的考核方式，制定多样性的项目评价体系，将自我评价总结、指导老师评价和校内专家意见相结合，发挥过程评价和结果评价的结合优势。要能够有效地甄别创新实验项目的优劣，既要防止科研不端情况的出现，又要鼓励积极探索的学生不怕失败，不断尝试，为将来产生高质量的科研成果奠定扎实的基础。通过创新实验项目的训练，学生都可以得到科研的训练，能发表论文、申请专利，为体育学创新发展夯实最重要的基础。

国家在高校推行创新创业计划项目，本身就是一种创新，由于新的时代背景、新的需求推动和新的形式呈现，需要新的教学理念、新的教学体系和新的师生关系作为支撑，不然创新创业训练很容易异化，以上三个阶段需要细节更加明确、要求更加严格、评价更加合理，才能为实现创新型国家、体育强国、健康中国提供源源不断的智力支撑。

第三章 体育学创新的现实困境与提升策略

第一节 体育学创新现实困境分析

"万众创新"本来就是一个新的课题,对于这样的一种全民创新的状态只有具有社会主义思维和体制的中国才有勇气和能力去实现。然而从一个人的创新扩展到全社会的创新,不仅仅是少部分高学历、高技术、高职称人员去做,还要扩展到千千万万不同的人去做,可想而知这是一个时间不会太短但非常艰巨的事业。

一、体育举国体制与"万众创新"融合困境

宏观层面上,体育学创新遇到的残酷现实挑战是体育举国体制与"万众创新"难以融合的现实困境,以前,一般大众认为的体育举国体制实际上被缩化为竞技体育的举国体制,竞技体育的举国体制真正的价值和目标是在奥运会等重大国际比赛中取得优异成绩,行政主导下竞技体育优势发展必将导致与其他的体育的行业的各个元素融合度不够。举国体制为我国竞技体育的崛起做出了巨大贡献,同时从微观层面上讲为那些拥有体育天赋,比如良好身体条件、运动素质并且肯下功夫苦练的底层群体提供了计划项目阶层跃迁的机会,是我们国家为社会底层人民提供的一条能够上升的渠道。基于国家保护和行业保护的因素,从底层人民阶层跃迁的角度来说是取得了良好作用,但是"举国体制"不可避免地出现部门利益藩篱的情况,体制内藏污纳垢、"大锅饭"、资源

分配不公、权力腐败等现象层出不穷，忽视了每一个人的公共体育、运动健身等需求。这种行政体系下每一个人的体育运动欲望得不到释放，自然制约着体育中创新元素的充分发展，使其活力不够。当前，在体育强国、全民健康等国家战略的推动下，体育领域的改革不断深化，体育市场在大量资本的注入下，许多方面得到快速的发展，轰轰烈烈、红红火火。但是由于发展的时间太短，体育的自生机制还有待更加完善，创新能力还有待进一步提高和体育学研究中的创新意识还有待进一步加强等原因，使体育运动最后又走向了另外一个或几个人的表演和狭隘的市场驱动的利益圈，并将绝大部分人拒绝于圈外。将体育领域的举国体制与"万众创新"充分融合，进一步发挥社会主义制度的优越性，坚持和完善举国体制"也许是中国体育腾飞的突破点。

二、体育专业创新教育不足和创新平台层次不够高的现实困境

体育领域的扩展，使得体育专业从相对稳定的状态进入到一个快速发展的爆发式发展的阶段，2012年教育部颁布了新的《普通高等学校本科专业目录》体育学类本科专业设置了体育教育、运动训练、运动人体科学专业、社会体育指导与管理、武术与民族传统体育5个基本专业和运动康复、休闲体育2个特设专业。到2021年专业数翻了一番，达到14个专业，专业更是从体育学类扩展到医学类，例如，医学类公共卫生增加了运动与公共健康管理。专业数量的增加，促使高校体育学本科专业建设改革不断持续深入推进，涉及专业建设的深层次问题也日益凸显，一个主要的表现就是缺乏创新教育意识，理念较为滞后，体系不够健全，要么是与专业教育结合不紧，与具体实践相对脱节；要么过于强调体育技术和体制内容，适用面窄、内容单一。提高体育专业和人才的创新能力，可以从专业建设和人才培养等12个环节进行梳理，12个环节可分为3个层面，专业建设和人才培养的第1层面问题是专业设置与调整、培养目标、培养模式3个环节，是专业建设改革的方向和导向；第2层面问题是课程体系、教学内容、教学方法、教学手段4个环节，是落实、检验、纠正第1层面的重要体现，是教学改革的核心和主体，是重点也是难点，创新创业教育的主要内容也应该在这个层面充分体现；第3层问题是教学组织、教学管理、教学队

伍、教学评价、教学监控5个环节，是实现第1、2层面的必要条件，起着适时调节、保障和实现第1、2层面的作用。同时，专业建设和人才培养的3个层面及每个层面之间的环节存在相互联系、相互制约的关系，集中体现在专业建设和人才培养中，由于认识的差异和操作的差异会显得错综复杂，因此要提升创新教育水平，必须加强专业建设改革的顶层设计，在国家层面有必要针对专业建设和人才培养3个层面的12个环节做出基本的规范和要求。

在现实中，体育学创新平台呈现出层次不高，凝聚力不够，数量少，都是应用型平台等特征。以国内体育典型的三所体育科研和高校为例，通过查阅三个单位的官方网站，获得该机构科研平台的信息，如表3-1所示，国家体育总局体育科学研究所、北京体育大学、上海体育学院，三家所有机构的省级及以上研究平台均在10个以内，层次上均缺少国家级研究平台。而截至2021年4月份，清华大学一所高校正在运行的省部级以上的科研机构共164个。我国体育院校与普通院校在省部级以上科研机构总数上的巨大差异，强烈地反映了体育学创新平台现有的局限性，没有一家国家级的研究机构，包括国家研究中心、国家重大科技基础设施、国家大型科学仪器中心、国家重点实验室、国家工程实验室、国家工程研究中心、国家工程技术研究中心、国家国际科技合作基地等等。研究的层次不高是阻碍体育学创新全面实现的瓶颈。怎样实现体育学创新平台质的飞跃与现有高水平创新平台的融合发展，是实现体育学创新平台发展的必经之路。

表3-1 国家体育科学研究所、北京体育大学、上海体育学院省部级科研平台一览表

机构	平台
国家体育总局体育科学研究所	运动训练监控重点实验室
	运动心理重点实验室
北京体育大学	运动与体质健康教育部实验室
	国家体育总局体能训练与身体机能恢复重点实验室
	国家体育总局运动与应激适应重点实验室
	北京市机能评定实验室
	运动营养北京市高等学校工程研究中心

续表

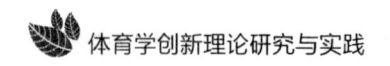

机构	平台
上海体育学院	运动健身科技省部共建教育部重点实验室
	上海市人类运动能力开发与保障重点实验室
	体育人文社会科学研究中心
	国家体育总局体育社会科学重点研究基地
	上海市学生体质健康研究中心
	上海运动与健康产业协同创新中心

创新的根本在人才，人才的培养在于环境，创新环境的重要体现就是创新平台的构建。人和环境是相互渗透，相互影响的。从某种意义上可以说体育学创新平台的现状就是体育学领域人才的现状，在我国，体育学领域的人才主体是通过高考、研究生招考等人才选拔和培养体系进行的，但是在很长一段时间内，体育行政部门主导下的体育发展导致人才流动受到限制，这样就形成高素质的人才进不来，平台的提升受限的问题。不过，随着国家深化改革，许多原本的利益藩篱已经被打破，许多人才会根据产业发展的需求和社会需求自然流动并进入体育学领域，体育学领域必然会有更多更大的创新成果。

三、体育学学科体系仍然不清晰、定位不准形成发展困境

"体育"在中国是一个外来词，传入中国之后逐步与中国文化融合发展，因此既是一个具有历史概念，又是一个具有文化概念的名词，并且从传入者和本土化两个角度，"体育"的历史概念和文化概念存在错位，即帝国主义统治和奴化中国的工具，与中华民族取其精华、伟大复兴的手段的纷繁交错，体育本身的身体活动属性由于其承载的无形性和动态性反而被忽视。越来越多的尝试与改革证明，我们国家正在经历着体育改革的一次又一次的挑战，其根本原因是体育学学科体系的构建仍然不清晰，什么应该保留并发展，什么应该避开和剔除，在体育发展的道路上存在太多的不清晰。以往学者所提的学校体育、大众体育、竞技体育毫无边界，相互重叠，仅仅只是一个社会行政管理的概念

而已。体育学学科体系逐步清晰并完善的过程就是一个体育创新发展的过程。未来体育发展的动力和持久力就来源于体育学体系的完善，定位的准确。体育作为一个外来学科经过百余年的发展，与文化、政治的交融，形成了独立的具有中国元素的学科体系，通过不断夯实学科根基，系统梳理和归纳体育学自身知识体系的组成内容与方式；重新审视和反思中国体育学基本理论，通过这种植根于学科内部的学术关怀和努力，体育学逐渐摆脱体育学学科的门类划分与学科建制所受到的外部制约和束缚，摆脱以往局限性、功利性和滞后性的影响，真正致力于提高体育学学科自身理论体系的科学化水平和学科体系建构的完备化程度。创新在体育学领域就自然成了发展的结果，表现为科学理论的拓展与发现，新的技术发展与应用；新的产业的出现与普及。

国际上对于体育学的认识也存在同样的困境，比如Physical Education（体育教育）的本义是什么？Sport（运动）又有哪些内涵？总部位于英国伦敦的国际高等教育咨询公司Quacquarelli Symonds（QS）发表的2021年体育相关学科（Sports-Related Subject）排名前120名的高校国内仅仅只有北京大学（https://www.qschina.cn/university-rankings/university-subject-rankings/2021/sports-related-subjects）。2021年4月26日，泰晤士高等教育世界大学排名（Times Higher Education World University Rankings），又译THE世界大学排名，是由英国泰晤士高等教育（Times Higher Education，简称THE）发布的世界大学排名。其中（STEM Sciences中Sport Science）清华大学、浙江大学为A+，范围很窄，仅仅是骨科和运动医学（Orthopedics and Sports Medicine）。上海软科发布的2021软科中国大学排名和2020中国最好学科排名（https://www.shanghairanking.cn/）中北京大学、清华大学均未在前十名中出现。虽然国际上仿佛更稳定的是用运动来反映体育学，但实际上在评价体系中也存在将体育学中各种元素分散到其他学科中的现象，无法体现体育学的整体性。目前在美国、加拿大、澳大利亚非常常见的学科术语是运动学（Kinesiology），人的运动对人类生存和生活质量至关重要。运动学从所涉及的科学、教育、社会学和哲学领域逐步延伸到休闲、文化、艺术、工业、医学、国家政策等方面。加之当代体育发展迅猛，体育形态上的不独立，体育的内涵受所处时代的主流文化影响较大，外延也随之变化。即使是体育内涵和外延相对稳定的现代体育，它的缓慢演化也影响其边缘与交叉学科的发展与分化，边缘与交叉学科的发展又会增加体育内涵演化。当体育、体育学、体育学科与体育科学把这些看似关联、实则相差万里的四个概念一同提出时，体育学学科体系显得更加错综复杂，所谓的"起点""路径""逻辑"都是在视之为物的潜意识中提出的，因此将无法分清也无法道明。

如果按照体育环境说，体育的土壤包括科学、技术、历史、文化、经济、产业等等；体育的空气包括哲学、政治、管理，等等。目前，体育领域无论是理论界还是实践界，所谓的体育学科中出现的一些概念的认识和理解上还存在许多困惑和争辩，实际上是对于体育初心认识的淡化。如果盲目地引入内容，自然也就失去了生存的土壤，难以获得应有的学科地位。

四、创新的需求与创新供给不足的症状：体育创新人才培养不足

个体层面，体育的载体是人，要对于人自身的活动状态进行创新无疑会产生"当局者迷"的状态。体育是一个与人密切关联，涉及的方方面面相互之间也许是弱关联，但都对于人的身体活动发挥着重要影响，体育创新主要的困境就是怎样通过一种良好的机制将健康与身体活动的状态更紧密、必然地联系起来，使得体育学创新具有更坚固的科学实证基础。比如国家大学生创新创业训练中重点支持的项目本着"有限领域、有限规模、有限目标"的原则，鼓励开展新兴边缘学科研究和跨学科的交叉综合研究，研究团队要有效利用高校和社会现有的重点实验室、协同创新中心、工程研究中心、国际科技合作基地、大学科技园、技术中心、技术转移中心、实验教学示范中心等研究平台所拥有的一流学科和科研资源，积极开展前沿性科学研究、颠覆性技术创新、实质性创业实践。重点领域是包括信息技术方面的泛终端芯片及操作系统应用开发、重大应用关键软件、云计算和大数据、人工智能、无人驾驶、第五代通信技术和新一代IP网络通信技术；能源方面的新能源与储能技术；生命科学方面的生物技术与生物育种；环境保护方面的绿色环保与固废资源化，以及人文社会科学方面的社会事业和文化传承。虽然国家重点支持的技术领域多涉及信息技术等学科，体育在国家创新创业重点资助计划中难觅身影，但是，国家的布局恰恰反映了体育学创新应该发展的重点领域与路径。

第二节　体育学创新实力的提升策略

一、夯实基础的立足策略

体育的本质是什么？这实际上是一个哲学问题，创新就应该始于哲学也最终归于哲学，从不同的思维方式，体育之"是"与体育之"在"的相争与相融实质上是"分析式"与"存在式"思维方式的发展，还是"智慧式"体育哲学思维方式融合。不管是哪种思维方式所触及的本质具有更夯实的基础才能更有生命力，才能在当前的时代中满足人们的需要，促进人类的发展。

二、校内多学科融合的策略

创新本身是没有学科界限的，创新的本质和重点是"新"，理论新、技术新、产品新，国家创新创业的实施本质上就是希望促进多学科的交叉融合。体育学的创新教育就应该充分利用学校学科门类齐全的优势，学校的学科覆盖教育学、医学、理学、工学、艺术学、哲学、经济学、法学、文学、历史学、管理学等11大学科门类，其中发育生物学、伦理学、英语语言文学、中国近现代史、理论物理、基础数学6个是国家重点学科，"语言与文化"学科群主建学科外国语言文学入选国家"世界一流"建设学科，教育学、数学、哲学、中国语言文学、生物学5个学科入选湖南省"国内一流建设学科"，法学、马克思主义理论、体育学、新闻传播学、物理学、化学、地理学、音乐与舞蹈学、美术学、政治学、心理学、中国史、生态学、理论经济学、统计学等15个学科入选湖南省"国内一流培育学科"；学校的学科优势非常明显，毫不夸张地说，国内没有一家体育专科院校会具有如此雄厚的学科实力，而体育学本身具有综合学科的特征，充分利用多学科的优势，又可以大大提升创新实力，形成利用学校综合学科的优势充分挖掘学科潜力的局面，构建以体育学实验中心为核心驱动的校内协同二级学院（单位）及各实验中心培养人才的挖掘与深化湖南师范大学学科资源，建立以体育学实验中心为核心的专业实验室发展学科支撑体系，如图3-1所示。

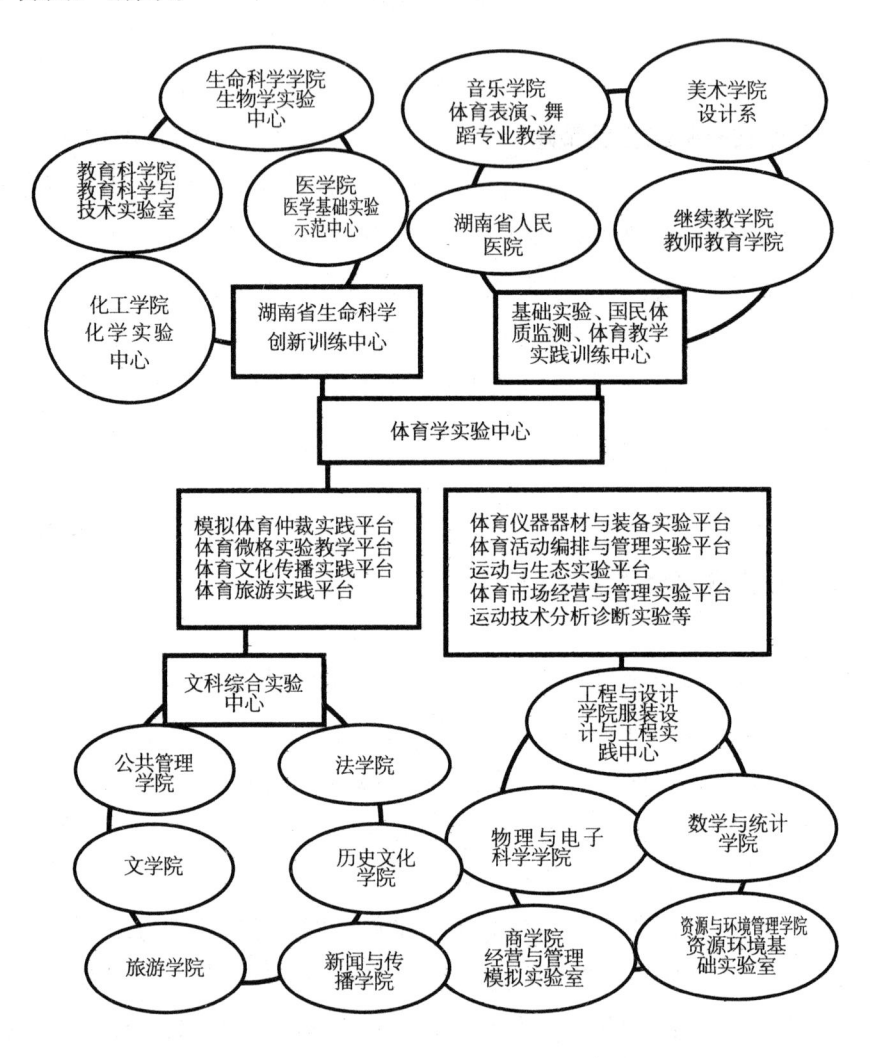

图3-1 跨学科人才平台与基地构建模式图

（一）模拟体育仲裁实践平台

随着体育运动商业化、全球化的发展，各种各样的体育争端越来越多。公正、及时、合法地解决体育争端成了广大体育运动参与者以及体育运动研究者关注的问题之一。由于国际体育争端不同于一般的国际民商事争端，该类争端的当事人受到更多的公众关注，而且体育运动员的运动寿命的有限性以及体育运动比赛的时间性也要求我们应迅速、公平地解决体育争端，以尽可能最大限度地维护争端当事人尤其是运动员的利益。西方国家如美、德、意、瑞士等，或设立专门的体育争端解决机构，或在国内体育协会内设立争端解决机构，或由国内仲裁协会处理体育争端并通过法院裁决承认和执行体育仲裁裁决。

体育仲裁作为一种非诉讼解决争端的方法在国际体育运动领域得到广泛应用，但是在我国，体育工作中仍是一项新制度，也是我国仲裁制度中独具特色的新形式，其工作难度较大，创新性要求较高。与法学院、公共管理学院的学科进行交流；针对我国社会与体育发展及其法制建设的实际情况与客观需要，对建立我国体育仲裁制度的一系列相关问题与基本关系进行系统的研究；介绍国外体育仲裁情况，对体育仲裁性质、范围、机构设置、程序和效力以及涉外体育仲裁等难点问题进行法理分析；提出建立我国体育仲裁制度的对策与建议，这些都是体育学中需要研究的热点内容，更是学生在体育学中非常感兴趣的问题。

（二）体育微格实验教学平台

微格教学是一个有控制的实践系统，它使师范生或在职教师有可能集中解决某一特定的教学行为，或在有控制的条件下进行学习。

在体育专业的教学过程中如何突出师范性和专业性，如何处理师范性和学术性的关系，怎样有效地训练师范生的教学技能和从教素质，已成为当务之急。湖南师范大学是有微格教学实验室的，因此，利用学校现有资源与条件，构建体育教学微格实验室，就可以利用微格教学的长处：操作技能、保存再现、编辑比较功能，将体育教师教学技能培训形式有机地融入微格教学的环境之中，将对在校体育师范生教学技能的提高起到实质性的推动作用。

（三）体育仪器器材与装备实验平台

体育仪器与器械包括以运动过程中的人体为对象，围绕如何精确采集人体的各种参数的实验室测试仪器，如：血压、呼吸、脉搏、人体运动速度、加速度、人体惯性参数等数据而展开研究的仪器；还包括用于体育运动的器材、装备、设施、保护用品、运动鞋、帽、服装、手套和面具等的研究、设计和制作。

在这一领域中，目前实验中心教师与工程与设计学院服装设计与工程实践中心教师已经联合指导学生，根据体质健康测试、体育高考、实验教学与科研需要，积极开展了各种开发研究。自制果蝇运动平台、兔子被动运动动物跑台、烟草过滤装置、被动吸烟装置等用于科研实验的设备装置，用于体质监测、运动训练实践与体育高考测试的灵敏素质测试仪等，以及应用于体育教学实践和深受大众喜爱的拉拉带等全民健身用健身器械。在自制的仪器设备中，有数十项获得国家专利，近百项获得实用新型专利和外观设计专利。

（四）体育活动编排与管理实验平台

随着《全民健身条例》《健康中国》《体育强国》等政策的颁布与执行，各种大型的带有一定展示、示范、表演性质的全民健身活动，各类群众性体育竞赛活动和经常性群众体育健身活动越来越规范、严格。研究体育活动的策划与实施将有助于我国全民健身活动的进一步健康、有序开展，也是体育专业学生需要掌握的基本技能。

（五）体育市场经营与管理实验平台

体育产业被誉为"朝阳产业"，它对于促进一国或地区之经济、社会与文化的发展有着十分重要的影响，这一点在西方发达国家体现得淋漓尽致。2010年3月，国务院办公厅下发了《关于加快发展体育产业的指导意见》（国办发〔2010〕22号），《意见》明确提出："各级政府要高度重视促进体育产业的发展，把体育产业发展纳入经济与社会发展规划，制定和组织实施体育产业发展规划。"这是我国第一次在国家意志层面对体育产业倾注了如此之大的关注，它意味着我国体育产业发展的春天已经到来。如何充分把握住这一历史发展机会，全面推进我国体育产业的纵深发展，更好地服务于我国经济、社会与文化发展，已然成为迫在眉睫、亟待解决的重大课题。如湖南师范大学体育学院男子篮球队在CUBA比赛上屡次表现出色，由此获得了一家知名企业为期5年总计150万元的赞助。可见，加强高校体育产业的开发研究，充分挖掘、发挥其社会效益与经济效益，对于促进我国高校体育繁荣、体育产业发展具有重要的理论与实践意义。

（六）运动技术影像分析实验等

运动技术是指人们在从事体育活动中合理有效完成身体动作的方法，是人体在运动中枢神经的指挥下完成特定肢体动作的行为特征，涉及运动生物力学、运动解剖学、运动生理学、运动心理学等相关学科。运动技术诊断是指对运动技术的表现进行观察、分析、评定，找出其中存在的问题，并制定相应的策略以挖掘人体的潜能，修正动作技术的不足，最终目的是获得最优的运动技术。运动技术分析是对现有动作技术的观察、分析、评定，指出其不足，提出改进意见。随着科学技术的不断进步，人们开始借助高科技产品来帮助观察，如20世纪80年代以后，人们广泛应用高速影像系统获取运动学参数，应用三维测力系统获取动力学参数，采用肌电图法记录肌肉产生的电信号，等等。利用这些先进的仪器，可以获得运动的细节，对这些细节进行分析，可以找出问题所在。针对这些问题，经过人的决策提出改进意见，反馈给教练员和运动员。同步技术的发展，使运动学、动力学以及肌电测量可以同步进行，便于从多方面探索人体运动的规律，使测量方法逐渐呈现出从单一测量发展到综合测量的特征。例如，用三维测力台、高速摄影（或摄像）机和多道遥测肌电仪同步测试某种技术动作，就可以将动力学参数（力—时曲线）、各种运动学参数（包括连续图片）以及生物学参数（肌电图）等不同性质的参数放在同一时间坐标轴上制成同步图，以探索运动的外部特征、动力学原因以及其肌肉力学的性质。

运动技术诊断的过程是一个综合的科学研究过程，有其自身内在的规律。研究人员必须在熟悉项目特点、拥有测量手段、掌握力学原理的情况下才能够进行运动技术诊断，发现运动技术当中存在的问题，找到制约运动成绩提高的"症结"所在，实事求是、因人而异地制订科学的技术训练方案。

三、面向社会多行业互联互通策略

从国民经济行业来考察，体育领域具有渗透到其他行业形成多行业互联互通的条件。主要是两个方面的条件：一方面是目前体育与其他行业的交叉关系；另一方面体育的对象是人，只要是涉及人的领域就会有体育活动的产生，因此体育的需求无处不在，人与人之间只有互联互通才能产生更多的体育活动。体育面向社会多行业互联互通，也就是扩大社会服务范围，面向多社会层面，使得更多的人受益，更多人类的体育活动可以在科技发展的过程中，插上最新科技的翅膀，使得人类更精准地受益。

体育只有在多领域融合中才能升华自己的核心竞争力，体育传播、体育竞技、运动健康、体育产业等才能在成为有血有肉的有机部分，不断发展，多行业互联互通才能展现出自己的价值。国民经济行业的分类是从人类的经济活动角度进行归纳的，体育严格意义上不是经济活动，但它深刻地影响着经济活动，而且它本身就蕴藏在各种经济活动中，有些甚至不可分割，在多行业融合中突出体育就是体现的以人为本的思想，是人类从必然世界走向自由的体现。随着科技进一步的发展，人们会越来越关注自己的发展，其中体育的发展是所有发展中最基础、最重要的元素。

体育学实现创新的方式只有充分挖掘现有资源、利用现有资源，在体育学资源与行政资源、卫生资源、教育资源、市场产业资源互联互通的发展下才能实现，如图3-1中体育学实验中心区域与行业内核心资源互联互通，实现资源整合与优化就是以体育学为内核，跨区域、跨行业资源整合与优化，形成创新平台与基地的产生新方式；立足省内、面向全国，高效整合体育、教育、医疗和健身行业资源，努力建设以实验中心为核心的专业实验与实践创新平台，构建协同培养人才新机制；湖南师范大学体育学实验中心面向社会采用分区域多行业互联互通的模式，形成优势资源互补，职能定位相互依存的新型合作模式（图3-2）。

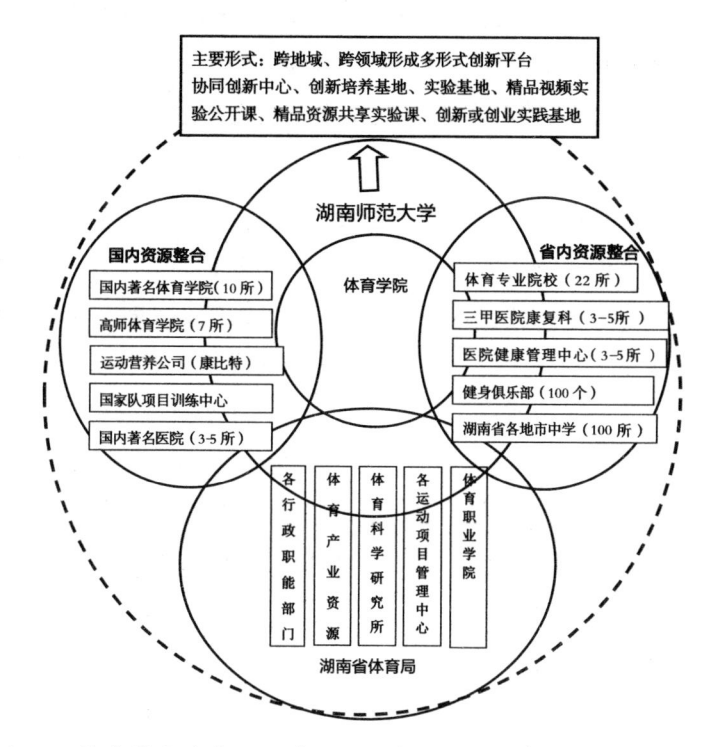

图3-2 体育学实验中心区域与行业内核心资源整合与优化模式图

(一) 主动联合省级体育行政主管部门，形成多通道联通局面

1. 联合行政主管部门，发挥高校教育、学术、科研、创新优势，夯实育人基础

湖南省体育局是湖南省的体育行政管理机构，对湖南省的体育运动开展有着无法替代的影响作用。目前拥有湖南省体育科学研究所（运动机能评定与恢复国家体育总局重点实验室、湖南省国民体质监测中心）、湖南省体育专科医院、11个运动项目中心。主要负责推行全民健身计划，指导群众性体育活动的开展，监督实施国家体育锻炼标准，推动国民体质监测和社会体育指导工作队伍制度建设，指导公共体育设施的建设，负责公共体育设施的监督管理。统筹规划竞技体育发展，研究全省体育竞赛项目的设置与布局，组织管理体育训练、体育竞赛、运动队伍建设，协调运动员社会保障工作。承担湖南省竞技体育科技攻关服务和反兴奋剂的宣传教育及实施、全民健身的科研推广和国民体质监测等工作。在科学研究方面紧密联系训练实践需要，开展以竞技运动为重点，以训练科学化为中心、以应用研究为主的体育科研工作，为振兴湖南体育

服务。根据发展需要形成了运动训练的科学监控、运动性疲劳机理及综合消除方法、国民体质及科学健身三个特色研究方向。

2. 形成联合科技攻关服务体系，建立培养创新能力的联合体

实验中心早在上世纪中叶就开展了与湖南省体育科学研究所的合作，共同承担国家计划的科研项目，联合开展技术攻关，在低氧训练提高竞技运动能力方面开展了深入的、颇见成效的实质性合作研究，2007年体育学实验中心与湖南省体育科学研究所合作完成的模拟高原训练法与运动能力的综合研究获得国家科技成果收录。与湖南省体育局下属湖南省举重运动管理中心、湖南省羽毛球运动管理中心、湖南省水上运动管理中心、湖南省体操运动管理中心、湖南省网球运动管理中心、湖南省射击运动管理中心、湖南省航空运动管理中心、湖南省游泳跳水运动管理中心、湖南省体育模型和摩托艇运动管理中心9个运动管理中心的举重、游泳、跳水、体操、蹦床、羽毛球、皮划艇、赛艇、摔跤、柔道、射击、田径等重点项目进行常年的联合培养运动员、医务监督、科研攻关和科技服务。近年来，实验中心联合体育科学研究所对湖南省水上训练基地的皮划艇、赛艇项目开展了运动技术优化和体能训练方面的科技攻关，为服务于我省竞技体育发展做出了贡献。

3. 建立国民体质监测体系与制度，拓展专业实践领域，培养严谨态度

湖南省体育局主管的全省国民体质监测工作，工作量巨大，体育学实验中心拥有高素质的专业人才队伍和优质的专业后备人才资源，能很好地承担国民体质监测任务，为国民体质监测工作的顺利完成起到了保障作用。体育学实验中心还可以将优秀教育资源、最新的学科前沿动态与知识和具体的研究、实践创新工作与体育局各项实践工作有机地衔接起来，优化改进国民体质监测指标，提高国民体质监测的效率与效度，成为国民体质监测良性发展的源泉与支撑，有效补充体育局研究人员与高素质专业人才的不足，同时为学生提供了拓展专业实践领域的机会，培养严谨对待职业的态度，实现双赢，取得最大效益，形成"双赢"合作方式。

4. 建立联合培养运动员与研究生体系与制度，形成学习实践高效结合，本科研究生多层次教育有机结合

近十年来从技术创新、知识创新、仪器设备共享和行业信息技术交流方面，在联合培养运动员与研究生过程中进行了有效的合作。双方合作申报并获批2012年湖南省运动科学研究生培养创新基地。

（1）运动员联合培养立体交叉体系的建立

学生在学校学习的同时，可以成为实践的主导者（实验者），又成为实验的主体（被试者），形成了学习实践高效结合的模式与体系。

与湖南省体育局下属湖南省田径运动管理中心在如何吸引和储备田径人才方面创新式合作。通过"体教结合"方式召入省田径队的运动员具有双重身份，他们既是大学生，也是省田径队队员，能够享受到省队队员的工资福利待遇。高校和省田径队的合作形成双赢的局面，如吴波曾经是湖南省的重点队员，也是湖南师大体育学院的学生。

（2）构建"两步"式本科研究生培养模式

"两步"指体育学实验中心人才培养过程中，将本科与研究生培养有机结合，第一步本科学习阶段：学生入校后的利用大学四年的时间在进行专业基础课程的学习及在实验中心进行相关理论的基础性实验与研究，此阶段的目的是加强学生基本理论和基本实验技能的培养训练。第二步以实验中心为核心的专业实验与实践：选择学业成绩优秀且有攻读研究生学位意向的学生从本科第四学年开始在实验中心进行实验与实践工作，此时学生的公共课及主要的专业基础课程已经修完，对自己所学专业及研究方向已有所了解，进入研究生学习期间派出到"运动科学研究生培养创新基地"。这种两步模式能够使研究生较好、较快地接触到学科的最前沿，吸收最新的学术信息，共享最优的教育资源，从而为学位论文的选题、开题及今后的科学研究打下坚实的基础。此阶段的目的是让学生将所学的基本理论知识、实验技能与运动实际结合。

（二）积极探索实验中心与省内其他体育学专业高校合作，充分发挥联合带动创新的效应

实验中心作为国家级实验教学示范中心，首先已经完全实现面向湖南省各高校的深度开放，国防科技大学、中南大学、湖南大学、中南林业科技大学、湖南第一师范学院与实验中心都有深度合作，比如创新研究的合作、体育专业本科与研究生每年的实验教学任务。吉首大学、湖南城市学院、湖南工业大学、湖南科技大学、湖南理工学院、湖南文理学院、湘南学院、衡阳师范学院等省内21所办有体育专业的院校，先后多次到实验中心参观学习。

（三）努力实现实验中心与国内其他体育院校的联系，强化实验教学中心的辐射作用

北京体育大学、上海体育学院、华东师范大学、华南师范大学、北京师范大学等30多所省外兄弟院校来实验中心参观交流。

目前与北京体育大学、上海体育学院、华中师范大学合作在体育运动和人口健康方面深入的研究。

四、面向未来的发展策略

"未来已来，将至已至"，信息时代的到来，社会发展的速度越来越快，"这是一个最好的时代"，我们可以生活在未来，"未来可期"，身体活动还曾经是人们苦不堪言的负担，如沉重的体力劳动、巨大的工作身体活动负荷、令人苦不堪言的长途跋涉、消磨意志的家务劳动，现今，却都可以被现实科技创新的产品取代，然而我们自身身体活动机会越来越少，我们不知不觉中把自己变成了最大的负担，跳出现代文明的陷阱，唯有从根本上改变过去的身体活动观，才能推出面向未来的新的体育理念、体育教育方式、体育活动项目。未来人社会地位的区别不再单单是金钱财富和政治职位的区别，将是健康状况、体质水平的区别，未来的体育成为人们生活中更加不可缺少的要素，每一个人的体育活动都是一个创新项目，体育学创新只有满足未来的需要才会具有无限生命力。

第四章　国家大学生创新性实验项目与训练

　　湖南师范大学是最早实行"国家大学生创新性实验计划"项目的高校之一，为了落实此项工作，更好地完成此项工作，湖南师范大学从一开始实施"国家大学生创新性实验计划"就配套颁布了《湖南师范大学"国家大学生创新性实验计划"项目管理办法》（校行发教务字[2007]26号）、《湖南师范大学大学生创新性实验项目管理办法》（校行发教务字[2009]50号），2015年颁布了《湖南师范大学深化创新创业教育改革实施方案》（校行发〔2015〕19号），继而提出《关于加强大学生"双创"基地建设的实施意见》（校发〔2017〕11号），实行《湖南师范大学大学生创新创业训练计划项目管理办法》（校行发教务字〔2021〕18号），并且在学校教务处成立了创新创业办公室。一系列的政策和制度的出台和实施，使学校在创新创业工作方面与时俱进，保持与国家政策一致，反映了当前"双创"教育的迅猛发展和学校对此项工作的重视。

　　大学生创新实验项目面向的对象为湖南师范大学普通高等教育全日制在校本科生。对申请者没有具体能力上的要求，基本的要求是申请者学有余力，有较强的创新意识和思考能力，对科学研究、发明创造、创业实践有浓厚兴趣。项目负责人具有较强的组织能力、良好的团结协作精神，项目组成员一般不超过5人，鼓励跨学科申报，实现多学科交叉融合。原则上，作为负责人只立项1项。申请者根据自己的兴趣爱好，结合学科前沿和社会发展需求，以探索或解决问题为出发点自主确立项目，选题应思路新颖、目标明确、具有探索性或创新性，还要具备实施项目的基本条件，包括实验条件、创业基础和指导教师。训练项目执行期一般为1到3年，其中，学制为4年制的最长为2年，学制为5年制的最长为3年。创新训练和创业训练项目完成时限须确定在毕业前，创业实践项目可延长至毕业后2年。学校组织项目申报、评审和立项。项目负责人需登录大学生创新创业训练计划项目管理系统填写项目申报书，经指导老师、院管理员审核后上报。学校组织专家对项目进行评审，评选出校级项目和省级推荐项目。

第一节　科学研究引领大学生创新实验的探索

学生的创新意识、创新项目的构想离不开教师的教育和指导，教师通常是在完成自己的科学研究项目基础上，指导本科学生进行大学生创新性实验项目，因此，教师从事的科学研究项目是创新性实验项目的源头活水。有高水平科学研究的教师才能指导学生完成高水平的大学生创新性实验项目。比如从国家自然科学基金项目"EPCs选择性归巢在低氧训练心肌组织血管新生中的作用及机制探讨"（项目号：30671011）中提炼研究内容，通过鼓励本科学生参加创新研究，申请了国家级大学生创新性实验项目"有氧运动对中老年大鼠心肌组织衰老相关b-半乳糖苷酶和一氧化氮合成酶活性的影响"；在完成国家自然科学基金课题"基于果蝇转基因沉默表达体系研究运动抗心脏衰老候选基因LDHAL6B的功能"（项目号：31071039）过程中指导完成一系列国家级、省级大学生创新实验项目"不同强度运动对中老龄果蝇Aconitase活性、AOPPs含量的影响""规律运动对Nmnat基因沉默中老龄果蝇心脏功能的影响""低氧与运动干预对老龄果蝇心脏节律的影响"。

高水平的研究吸引学生的研究兴趣，驱使学生在学习的同时带着好奇心、不断主动地去发现问题、提出问题、进而探索不同的路径，寻找大量的方法，最后努力去解决问题。伴随着这个过程，学生需要经历问题的挖掘与提炼；寻求指导老师、查找资料、形成科学假设并撰写研究方案；研究项目的申请、立项，实施，完成到最后的成果展现是一个连续动态，也是一个长期的过程。

一、大学生创新性实验项目的形成过程

湖南师范大学创新性实验项目是由教务处的创新创业教育办公室负责制订计划，发布信息，通常是在每年的一月会发布本年度的项目申请信息，四月份提交申请，四月到六月组织项目评审、中期检查和结题验收等工作。

以目前实验室最具有代表性的研究方向"运动心血管的低氧与增龄变化及分子机理"所指导的大学生创新性实验项目为例。"运动心血管的低氧与增龄变化及分子机理"方向率先在国内建立了果蝇运动心脏研究平台，解决了在体进行衰老运动干预研究存在的实验动物生命周期长、基因操作难度大的问题，打破了运动心脏研究领域分子水平研究一直处于瓶颈状态、难以取得突破性进展的局面。以项目"低氧与运动干预对老龄果蝇心脏节律的影响"为例，该项目申报学生曾经主动参与教师科研实验和其他同学的大学生创新实验项目。曾经参与的研究项目有"CUBA男子篮球运动员极量运动后前臂肌肉协调性对投篮命中率的影响""规律运动对Nmnat基因沉默中老龄果蝇心脏功能的影响"。在实验过程中，了解到运动对于心血管的重要影响，深刻认识到衰老过程中心脏的退行性改变以及运动对于延缓衰老的意义，进一步意识到采用新型的干预方式是否可以是这种效应更大，提出低氧与运动干预对老龄果蝇心脏节律的影响具有同样重要的意义的想法。

通过指导老师郑澜教授的指导，该学生梳理思路，明确了项目研究和实验的目的、内容和要解决的主要问题。该学生通过查阅文献资料并整理，按照大学生创新实验项目申报的要求撰写申请书，完成了项目的申报。

（一）项目研究和实验的目的、内容

通过对果蝇早期慢性低氧与运动干预，能降低中老年果蝇心律失常的发生率，为低氧与运动对心脏功能的研究提供新的理论依据和思路。

研究通过M-mode心动图检测低氧（4周低氧、急性低氧）与运动（4周运动、一次运动）干预后老龄果蝇的心率、心动周期、心律不齐指数、纤维性颤动等心脏功能相关参数分析低氧与运动后应激性改变与适应性变化对老龄果蝇

心脏节律的影响。

（二）需要解决的主要问题

随着年龄的增加，心肌纤维的老化、变性，窦房结冲动功能下降，心律失常的发生几率增多。据统计，中国每年约60万人死于心源性猝死[1]，其中90%以上由室性心动过速（简称室速）、心室颤动（简称室颤）、心房颤动（简称房颤）等恶性心律失常所致。美国每年约39万人死于恶性心律失常[2]。心律失常是我们生活中常见的心血管疾病，一旦发病就会出现早搏、心动过速、心动过缓、房颤等严重病症。同时心律失常也可以引起心力衰竭、休克、晕厥、室上速、房室传导阻滞等并发症。有研究表明[3]，心律失常不但可加重原有心脏疾病，如加快心力衰竭的进展，而且还可导致患者突然死亡，严重威胁人类健康，影响了人们的正常生活。因此，研究安全有效地干预方法，降低老年人的心律失常及其引起的心脏疾病的发生，对提高老年人的生活质量，实现健康老龄化社会具有重要的现实意义。

（三）国内外研究现状和发展动态

目前，低氧干预常用于研究心脏功能，如：急性低氧对大鼠血黏度、红细胞变形能力和左心室功能的影响以及慢性间歇性低压低氧对清醒大鼠心率变异性的影响等。暴露在低氧环境中可延长哺乳动物细胞寿命，造血干细胞的体内微环境缺氧是保持其干细胞样特性所必需的[4]，以3%氧气环境培养与20%氧气环境培养大气条件下比较，间充质干细胞显示延迟的复制衰老[5]。缺氧干预可降低辐射相关的氧化损伤，暴露于慢性低氧与对抗各种疾病状态下更好的保护有关。居住在高海拔显示高血压、心肌梗塞发生率和冠心病的死亡率降低，心脏适应性代谢重构在缺氧介导的心脏保护中发挥核心作用[6]。另外，众多研究表明运动干预具有与低氧相似的作用。彭峰林[7]等人的研究表明，间歇运动训练对缺血再灌注心肌产生了保护作用，具有预处理效应。其可能机制是：抗氧化防御能力增强，因而加强了收缩成分的保护；毛细血管的增生有利于氧供，从而改善心肌的能量供应；启动了其他一些内源性保护机制，使细胞的调节功能更为精确和完善。一次高强度间歇运动也能加强大鼠心脏缺血再灌注时的保护，其可能机制与内源性保护机制的激活有关，如内源性保护因子合成增加，相关受体激活等。

心脏以有氧代谢供能为主，是低氧与运动应激反应最为敏感的器官，低氧作为训练辅助手段应用于竞技运动提高运动能力，其有效性和安全的可控性已得到深入研究。研究亦证实，低氧运动可促进内皮祖细胞归巢参与心肌组织血管生成，提高心脏的耐缺氧能力[8-10]。

果蝇具有其他模式生物所不可比拟的优势，尤其是其短暂的生命周期和快速的繁殖能力为心脏发育和功能研究创造了得天独厚的条件，因而越来越受到发育生物学研究者的青睐。近几年相关研究发现，果蝇心脏功能的衰退和人类的心脏具有高度相似性，果蝇可作为研究更高种属心脏的非自律结构调节心脏节律、心肌收缩的重要模型[11]。因此，以果蝇为模型进行心脏功能的研究有明显的优势。

心脏结构和功能的增龄改变是心脏病的主要危险因素，而适宜的体育运动对延缓心脏结构和功能的退行性变的积极作用已为一些研究证实[12]。研究表明[13]，运动训练可使正常大鼠的心肌收缩功能增强，并且使病理性心脏的功能得到改善。运动时随着心肌收缩能力的提高，静脉血回流量加大，使心舒张期容量增加。负荷时为了收缩容量增加，动员储备的血量，显著地提高了心脏的机能。长期、系统的运动可引起心脏形态结构产生适应性变化，心脏心腔扩大、心室厚度增大伴随着心肌肥大，心肌细胞超微结构发生了一系列重塑；运动还可引起心脏机能改善，从而心脏有适应性的有节律性的功能增强[14]，为心律失常发生率的降低起到一定的支撑作用。高强度急性运动时由于心率和搏出量的急剧增加，会引起心肌的摄氧量与耗氧之间的不平衡，表现出心肌的相对缺血缺氧状态[15]，而这种相对缺血可以启动细胞内保护机制，如诱导腺苷、热休克蛋白等内源性保护物质的释放，并引起细胞膜和线粒体ATP依赖性钾离子通道的开放，产生心肌保护作用[16-17]，具体机制尚需进一步的实验研究。运动实验研究表明运动也能诱导心肌中与缺血预处理（IPC）相关酶、相关的内源性因子表达的增加；另外流行病学研究表明：运动能减少冠心病（CAD）的发生率和死亡率，运动能减少CAD的一些危险因素；心绞痛患者进行热身运动后，随后的运动时胸痛减轻、ST下降减少。这些都表明运动有类似IPC的作用，有学者将其称为运动预处理，临床研究也表明：运动是一个独立的心脏保护因素。然而，运动是一个十分复杂的生理过程，因运动的强度、方式不同产生不同的生理刺激和生理效应。是否各种强度、各种方式的运动训练都能对心脏产生类似IPC效应？不同运动方式保护心脏的机制是否相同？这些问题尚没有统一的认识。以往的研究也集中在耐力运动对心脏的保护作用及机制方面，虽然取得了一些成果，但运动对心肌缺血再灌注损伤的益处还缺少直接证据；另外在机制研究方面，缺少系统性和深入性[7]。研究表明[12]，以每天2.5小时的运动延缓果蝇心脏功能随增龄而衰退效果最佳，而超过3小时的过量运动不利于维持其心脏功能。因此，本实验采用第三代果蝇运动训练装置进行每天2.5小时的运动，在此基础上了解早期的规律运动对果蝇老年时期心脏节律的影响。因此本课题以每天2.5小时，持续4周的运动训练和一次性运动为干预手段，探讨运动对心脏节律的影响。

  间歇性低氧处理可明显增加心肌超氧化物歧化酶（SOD）活性，降低丙二醛（MDA）含量，说明间歇性低氧处理可增强心肌的抗氧化能力，抗氧化能力的增强与抗心律失常作用一致，所以间歇性低氧处理可同时增强心肌抗氧化和抗心律失常[18]。也有相关研究表明[19]，慢性低氧对心脏具有保护作用，且其对心脏保护机制有：慢性低氧可通过提高心肌的氧合能力，以适应机体在低氧条件下氧的需要，从而对机体起保护作用；慢性持续性低氧适应动物在心肌能量产生、利用方面出现一系列的适应性变化，使心脏能够在低氧环境下更精细地工作，从而起到保护心脏的作用；慢性低氧可改变自主神经系统和内分泌腺的功能，其中某些改变有助于心肌的抗损伤；心脏应激蛋白可增加心肌对其后损伤性应激刺激的耐受性等。慢性间歇性低压低氧对大鼠具有明显的心脏保护作用，表现为增强心肌对缺血/再灌注损伤的耐受性、限制心肌梗死面积和形态学改变、抗细胞凋亡、促进缺血/再灌注心脏舒缩功能的恢复，以及抗心律失常[20-22]。急性低氧作为一种应激性刺激，可作用于机体，干扰组织代谢，减少组织能量的产生，影响膜结构及离子的正常活动[23]。急性低氧应激初期，由于化学感受性反射增强，交感神经活动及肾上腺髓质激素的大量分泌，使血液中儿茶酚胺浓度升高，导致全血黏度升高[18]。全血黏度增高又使外周阻力加大，心脏射血的阻力也就增大，心脏就必须增强其收缩力，才能将心脏内的血液射出，从而加重了心脏负担，易引发心力衰竭。利用果蝇作为慢性低氧的干预对象的研究并不少见，部分研究以8%为起始低氧浓度[24]，通过逐代降低氧含量，来达到选择与培育低氧品系的目的。Dan Zhou等认为[25]4%为极低氧浓度，耐5%氧含量的果蝇是通过13代逐步培育出来的[20]，而6%氧含量时虽然果蝇的存活率有所降低，但并没有显著性差异，而且6%是"比较温和的低氧条件"，不会导致果蝇的大量死亡[26-27]，能够满足我们研究低氧对果蝇心脏节律的需要。因此本研究选用6%浓度、6小时/天[28-29]的慢性低氧方案。

综上所述，运动与低氧干预均对心脏机能有促进作用，而目前鲜有研究报导低氧与运动干预对老年果蝇心脏节律的影响。因而本研究旨在通过M-mode心动图检测低氧与运动干预后老龄果蝇的心率、心动周期、心律不齐指数、纤维性颤动、心律不齐标准差、舒张间期以及收缩间期等心脏功能相关参数，分析低氧与运动后应激性改变与适应性变化对老龄果蝇心脏节律的影响。为低氧与运动干预老龄果蝇心脏节律的研究提供理论依据。同时，通过低氧与运动干预来降低心律失常的发生率。

参考文献：

[1] Rosamond W, Flegal K, Friday G, et al. Heart disease and stroke statistics-2007 update: a report from the American Heart Association Statistics Committee and Stroke Statistics Subcommittee[J].Circulation, 2007, 115（5）: e69-e171.

[2] 《中国心脏起搏与心电生理杂志》编辑部，中国生物医学工程学会，心脏起搏与电生理分会. 心脏猝死的防治建议[J].中国心脏起搏与心电生理杂志，2002，16（6）：401-414.

[3] 杨宝峰.药理学[M].第6版. 北京：人民卫生出版社，2005：208-220.

[4] Takubo K1, Goda N, Yamada W, Iriuchishima H, Ikeda E, Kubota Y, Shima H, Johnson RS, Hirao A, Suematsu M, Suda T.Regulation of the HIF-1alpha level is essential for hematopoietic stem cells.Cell Stem Cell. 2010 Sep 3; 7（3）: 391-402. doi: 10.1016/j.Stem. 2010.06.020.

[5] Fehrer C1,Brunauer R,Laschober G,Unterluggauer H, Reitinger S, Kloss F, Gülly C, Gassner R, Lepperdinger G.Reduced oxygen tension attenuates differentiation capacity of human mesenchymal stem cells and prolongs their

lifespan. Aging Cell. 2007 Dec; 6（6）: 745-57.Epub 2007 Oct 8.

[6] M Faadiel Essop. Cardiac metabolic adaptations in response to chronic hypoxia. J Physiol. Nov 1, 2007; 584（Pt 3）: 715–726.

[7] 彭峰林.间歇运动对心肌缺血再灌注损伤的保护作用及其机制研究.[D]华南师范大学.2007-04-01.

[8] 郑澜，刘铭，凡婷等.20周有氧运动对雌性大鼠心肌组织衰老相关候选基因mRNA表达的影响. 中国运动医学杂志，2010; 29（6）: 683-687.

[9] 陈伊琳，郑澜，凡婷等.有氧运动对大鼠外周血EPCs G1/S转换信号通路相因mRNA表达的影响.中国运动医学杂志，2011; 30（12）: 1113-1118.

[10] 龚晓明，郑澜，瞿树林等.模拟高住低练对外周血内皮祖细胞增殖能力的影响. 中国运动医学杂志，2010; 29（2）: 141-144.

[11]]Buechling T, Akasaka T, Vogler G, Ruiz-Lozano P, Ocorr K, Bodmer R..Non-autonomous modulation of heart rhythm, contractility and morphology in adult fruit flies. Dev Biol. 2009; 328（2）: 483-492.

[12] 郑澜，吴越，王小月等.不同运动方案对果蝇运动能力、生命周期及心脏功能的影响[J].中国运动医学杂.2012，31（7）: 611-616.

[13] 王勇慧.运动对心脏的影响[J].山西师大学报（自然科学版）.1996，10（3）: 78.

[14] 张勇.运动训练大鼠停训28周后心脏超微结构变化研究[D].陕西师范大学: 运动人体科学.2005.1-5.

[15] Lu X, Wu T, Huang Petal.Effect and mechanism of intermittent myocardial ischemia induced by exercise on coronary collateral formation.[J]Am J Phys Med Rehabil, 2008, 87（10）: 803-814

[16] Lennon SL, Quindry JC, French JP, Kim S, Mehta JL, Powers SK.Exercise and myocardial tolerance to ischaemia-reperfusion.[J]Acta Physiol Scand. 2004 Oct; 182（2）: 161-9.

[17] Libonati JR, Kendrick ZV, Houser SR.Sprint training improves postischemic, left ventricular diastolic performance.[J] J Appl Physiol, 2005, 99（6）: 2121-2127.

[18] 陈彤.低氧应激对心脏功能的影响[J].龙岩师专学报.2002，20（3）: 50.

[19] 张翼，杨黄，恬周兆年.间歇性低氧适应的心脏保护.[J]生理学报2007，10.59（5）：601-61.

[20] Shinji Okubo, Lei Xi, Nelson L. Bernardo; Kazu-ichi Yoshida; Rakesh C. Kukreja. Myocardial preconditioning: Basic concepts and potential mechanisms[J].Molecular and Cellular Biochemistry, 1999, (1-2).

[21] Hurtado A.Same clinical aspects of life at high altitudes[J]Annals of Internal Medicine, 1960.

[22] Pei SX, etal.Chronic mountain sickness in TibetGJMed, 1989.

[23] 周柔丽.心肌的能量代谢特点.《中国医学百科全书一生物化学分册》，[M]上海科学技术出版社.1986.218—221.

[24] Merri Gersten, Dan Zhou, Priti Azad etal.Wnt Pathway Activation Increases Hypoxia Tolerance during Development.[J]Plos one.2004.

[25] Edwards BS, Zimmerman RS, Schwab TR etal.Experimental Selection for Drosophila Survival in Extremely Low O2 Environment.[J]Plos one.2007，5.

[26] Dan Zhou, Jin Xue, James C.K.Lai etal.Mechanisms Underlying Hypoxia Tolerance in Drosophila melanogaster: hairy as a Metabolic Switch.[J]Plos one.2008，8.

[27] Dan Zhou, Nitin Udpa, Merril Gersten etal.Experimental selection of hypoxia-tolerant Drosophila melanogaster.[J]PNAS.2011，8.

[28] Chen Y, Epperson S, Makhsudova L, et al. Functional effects of enhancing or silencing adenosine A2B receptors in cardiac fibroblasts. AmJ Physiol Heart Circ Physiol, 2004, 287（6）：H2478-H2486.

[29] Zhang Y, Zhong N, Zhou ZN. Effects of intermittent hypoxia on action potential and contraction in non-ischemic and ischemic rat papillary muscle. Life Sci, 2000, 67: 2465-2471.

[30] Martin Fink, Carles Callol-Massot, Angela Chu, et al. A new method for detection and quantification of heartbeat parameters in Drosophila, zebrafish, and embryonic mouse hearts [J].Biotechniques, 2009, 46（2）：101—113.

（四）项目研究团队成员的组成

本项目组成员由湖南师范大学不同学院的同学组成，大家因对科学研究，特别是运动抗衰老的研究拥有浓厚兴趣而组成了一个团队，各自拥有自己的特长。成员在校期间已修完基础的生命科学课程，掌握了基础学科知识的同时能熟练掌握常用的实验仪器操作方法及果蝇饲养、转管及训练等实验技术，通过对果蝇作为模式生物的优势及在心脏学研究领域地位的清晰认识，希望在建立果蝇运动实验模型的基础上对运动与低氧对老龄果蝇心脏节律的影响的研究进行深入探讨。他们参与的大学生创新性实验项目："CUBA男子篮球运动员极量运动后前臂肌肉协调性对投篮命中率的影响"与"规律运动对Nmnat基因沉默中老龄果蝇心脏功能的影响"顺利完成并已结题。

（五）项目的创新点和特色

1.本研究采用国内目前唯一自行研制成功的第三代果蝇运动平台装置（已获得国家专利），提高了果蝇运动可控性的同时大大降低运动装置对果蝇本身的影响。

2.本项目紧密跟踪"低氧与运动对心血管结构和功能的影响"这一热点的前沿科学，通过运动与低氧干预研究果蝇心脏节律的影响鲜有报道。

二、项目实施技术路线及过程

（一）实验动物及分组

本研究选用野生型w^{1118}品系果蝇作为实验对象，野生型w^{1118}品系果蝇由体适能与运动康复湖南省重点实验室保存。扩大培养后收集1050只果蝇，随机分为对照组（1,2）、低氧组（急性低氧、4周低氧）、运动组（一次运动,4周运动）和急性低氧运动组，150只/组。培养环境设置：25℃恒温，50%湿度，12/12小时昼夜循环光照，培养基2天更换一次。详情见表4-1。

表4-1　实验动物及分组

组别	处理因素
对照组1	无处理因素，于8天龄进行M-mode心动图检测
对照组2	无处理因素，于43天龄进行M-mode心动图检测
急性低氧组	于42天龄，6%氧浓度，低氧6小时，低氧结束后的第二天进行M-mode心动图检测
一次性运动组	于42天龄，运动2.5小时，运动结束后的第二天进行M-mode心动图检测
急性低氧与一次性运动组	于42天龄，6%氧浓度，低氧6小时，低氧后运动2.5小时，方案结束后的第二天进行M-mode心动图检测
4周低氧组	6%氧浓度，6小时/d，从15天龄低氧到42天龄，全部低氧方案结束后的第二天进行M-mode心动图检测
4周运动组	从15天龄运动到42天龄，运动2.5小时/d，全部运动结束后的第二天进行M-mode心动图检测

（二）果蝇培养基的配制

以6L水的培养基为例（可按比例增减量），加热前，先加入黄豆粉120.5g，酵母粉148.8g和玉米粉504.0g搅匀，加热过程中再加入琼脂51.4g，直至沸腾。沸腾后停火，冷却过程中加入蔗糖和麦芽糖各369.6g，麦芽糖要慢慢加入，防止成团，待蔗糖和麦芽糖充分溶解后，加入丙酸20mL、对羟基苯（20g溶于200mL无水乙醇），充分搅拌后立即分装于洁净的培养指管中，每管培养基厚度为0.5~1.0cm。

（三）运动方案

运动采用第三代果蝇运动训练装置（已获得国家专利），培养指管底部培养基至棉塞下端预留8cm作为果蝇运动区域，平台电机转速24s/转，实行2.5小时运动训练方案。训练时间为14：30-17：00。4周运动组果蝇从15天龄运动直到42天龄，42天龄后停止运动。一次性运动组果蝇，到42天龄时进行一次运动。

（四）低氧方案

采用6%的氧气与94%的氮气的混合气体，每次低氧6个小时，对果蝇进行低氧实验。每天低氧时间为14：30-20：30。4周低氧组从15天龄低氧直到42天龄，42天龄后停止低氧。急性低氧组，到42天龄时进行一次低氧。

（五）指标检测

心脏功能检测：对42天果蝇进行心脏节律检测（Heart rate、Heart period、Diastolic interval、Systolic interval、Arrhymicity index、Fibrillation of files with arrhymicity）。

先分别配制好成体果蝇血淋巴（Adult Hemolymph，AHL）溶液、Sucrose溶液和Trehalose 溶液置于4℃储存，使用时按8（AHL溶液）：1（Sucrose溶液）：1（Trehalose溶液）的体积混合即可。将果蝇置于麻醉瓶（Flynap TM）麻醉5min左右，取出果蝇将其腹面朝上整齐粘于涂有凡士林的玻璃皿内，在体视显微镜（舜宇SZM45）下进行解剖。解剖时，用显微剪刀（ROBOZ RS-5621）剪除果蝇的腹部上表皮、胸部上表皮和头部，即时加入充氧人工血淋巴液，将果蝇腹部脏器用显微镊子（ROBOZ RS-5010）轻微托出去除，用真空泵（予华SHZ-D III）连接毛细玻璃针管将心脏两旁的游离脂肪吸除，给玻璃皿换取新鲜充氧人工血淋巴液后即可进行心动视频拍摄，整个操作过程在25℃环境下进行。果蝇心动视频拍摄在正置显微镜（Nikon E-400）下进行，物镜为10×潜水镜头（Nikon），采用高速EM-CCD数码摄像机（Hamamatsu）进行视频拍摄，帧数为130帧/s，每只果蝇拍摄时长为30s。半自动光学心跳分析软件利用HC Image 软件记录并处理视频数据，果蝇心动视频分析采用半自动光学心跳分析软件（Semi-automatic Optical Heartbeat Analysis software，SOHA；由美国桑福德-伯纳姆医学研究所Rolf Bodmer教授和Karen Ocorr教授惠赠）量化分析果蝇心动周期、心律不齐指数、舒张间期以及收缩间期等心脏功能相关参数。这些数据由M-mode记录。每组检测果蝇20~30只。

（六）实验流程图

低氧、运动到六周龄时停止运动，全部方案结束的第二天分别进行

M-mode心动图检测，分析心脏节律发生率的变化情况。见图4-1。

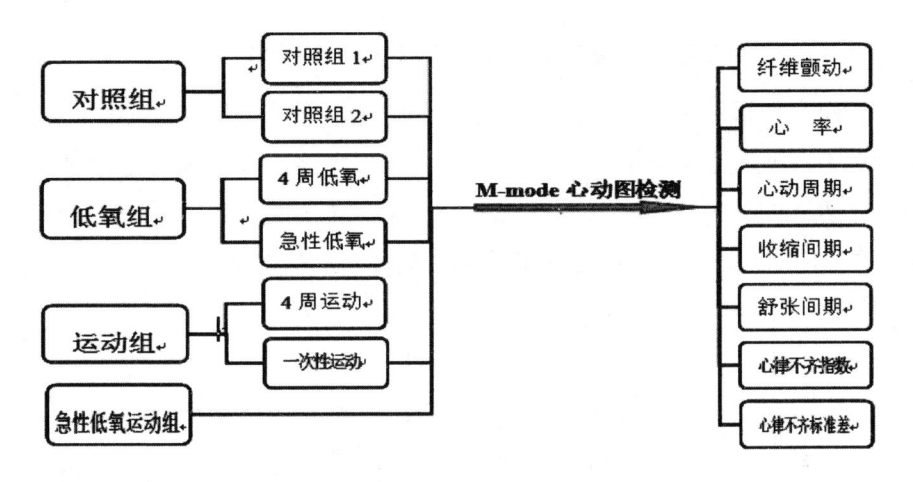

图4-1 实验流程图

注意：每一项获批的国家大学生创新性实验根据本身项目研究的内容和特征应该要有清晰、可行的技术路线。

三、项目的总结与评价

（一）项目研究的目的、意义

随着年龄的增加，心肌纤维出现老化变性，窦房结冲动功能下降，心律失常的发生增多。我国每年约60万人死于心源性猝死，其中90%以上由室性心动过速、心室颤动、心房颤动等恶性心律失常所致。心律失常是我们生活中常见的心血管疾病，一旦发病就会出现早搏、心动过速、心动过缓、房颤等严重病症。同时心律失常也可以引起心力衰竭、休克、晕厥、室上速、房室传导阻滞等并发症。心律失常不但可加重原有心脏疾病，如加快心力衰竭的进展，而且还可导致患者突然死亡，严重威胁老龄人群的健康和正常生活。因此，研究安全有效地干预方法，降低老年人的心律失常及其引起的心脏疾病的发生，对提高老年人的生活质量，实现健康老龄化社会具有重要的现实意义。通过对果蝇早期慢性低氧与运动干预，能降低中老年果蝇心律失常的发生率。本研究为低氧与运动对心脏功能的研究提供新的理论依据和思路。

(二) 研究成果的主要内容、重要观点或对策建议

本研究在郑澜等研究建立的运动抗心脏衰老模型基础上，采用平台运动装置对果蝇进行运动训练，采用M-mode方法分析运动对果蝇心脏功能心率、心动周期、心律不齐指数、纤维性颤动等心脏功能相关参数的影响，探讨低氧与运动后应激性改变与适应性变化对老龄果蝇心脏节律的影响。

结果如图4-2显示。

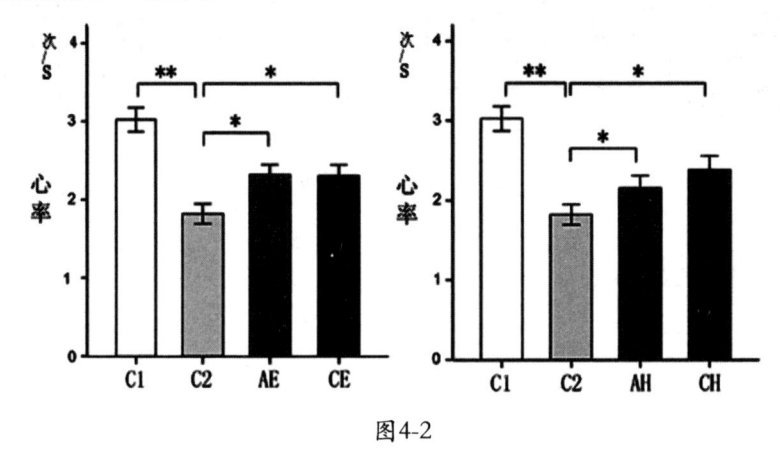

图4-2

注：**表示p<0.01，*表示P<0.05，以下各图同。

对照组1（C1）、对照组2（C2）、急性低氧组（AH）、4周低氧组（CH）、一次运动性运动组（AE）和4周运动组（CE）。

从图4-2可以看出，一次性运动组AE与对照2组C2有非常显著的差异（P>0.05），急性低氧组AH与对照2组C2有非常显著的差异（P<0.01），4周低氧组CH与对照2组C2有非常显著的差异（P<0.01），4周运动组CH与对照2组C2有非常显著的差异（P<0.01）。果蝇正常心率为3~4次/S。心脏以有氧代谢供能为主，是低氧与运动应激反应最为敏感的器官，不论是低氧环境还是运动导致的机体缺氧，都会使化学感受性反射增强，引起心跳频率加快，以加快血液循环，为各组织器官提供足够的氧气。而长期有规律的低氧和运动干预并未表现出像人一样经常运动者心率显著低于不运动者的现象，有可能是因为老龄果蝇心跳频率进一步降低会影响心脏泵血的能力。

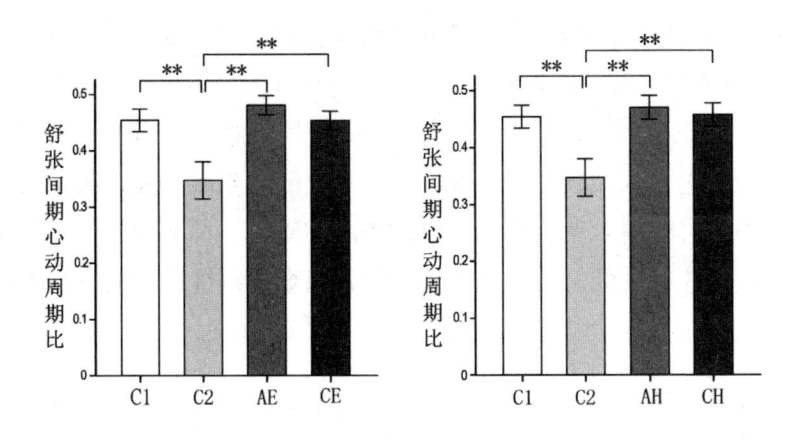

图4-3

从图4-3可以看出，一次性运动组AE与对照2组C2有非常显著的差异（P>0.05），急性低氧组AH与对照2组C2有非常显著的差异（P<0.01），4周低氧组CH与对照2组C2有非常显著的差异（P<0.01），4周运动组CH与对照2组C2有非常显著的差异（P<0.01）。说明一次性运动或低氧导致的应激性改变，慢性运动或低氧导致的适应性变化的心脏舒张期均显著高于老龄果蝇，这有利于增加心脏舒张末期血液充盈量，从而增加心肌初长度，提高心肌收缩能力，更多血液流向缺氧组织。

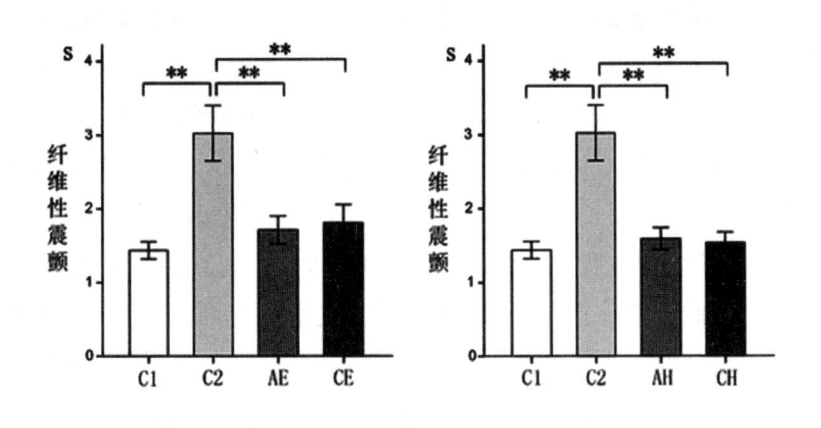

图4-4

从图4-4可以看出，一次性运动组AE与对照2组C2有非常显著的差异

（P<0.01），急性低氧组AH与对照2组C2有非常显著的差异（P<0.01），4周低氧组CH与对照2组C2有非常显著的差异（P<0.01），4周运动组CH与对照2组C2有非常显著的差异（P<0.01）。纤维性震颤是心血管疾病中最为常见和复杂的心律失常之一，尤其在老年人群中多见，随着年龄增长，其发病率呈逐渐上升趋势。可能由于老龄果蝇的自律细胞的减少，而运动与低氧能延缓自律细胞的衰老。急性低氧与一次性运动能否降低纤维性震颤的发生有待进一步研究。

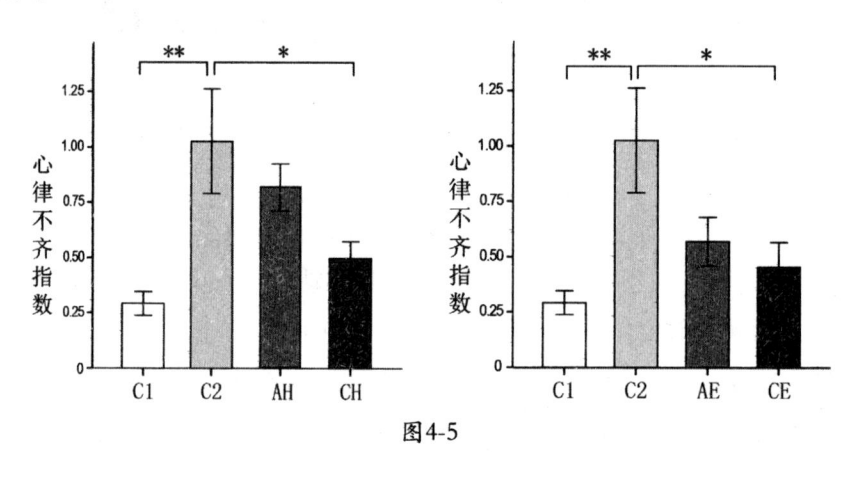

图4-5

从图4-5可以看出，一次性运动组果蝇心不齐指数虽有所下降，但一次性运动组AE与对照2组C2无显著性差异（P>0.05），急性低氧组果蝇心不齐指数虽有所下降，但急性低氧组AH与对照2组C2无显著性差异（P>0.05），4周低氧组CH与对照2组C2有显著性差异（P<0.05），4周运动组CH与对照2组C2有显著性差异（P<0.05）。这说明一次性运动或急性低氧对老龄果蝇心律不齐情况的改善作用不大，而长期规律的运动或低氧干预能够改善心律不齐的情况。慢性低氧可通过提高心肌的氧合能力，适应机体在低氧条件下氧的需要，同时增强心肌对缺血/再灌注损伤的耐受性、限制心肌梗死面积和形态学改变、抗细胞凋亡，促进缺血/再灌注心脏舒缩功能的恢复。运动可引起心脏形态结构产生适应性变化，心脏心腔扩大、心室厚度增大伴随着心肌肥大，心肌细胞超微结构发生一系列重塑，从而使心脏跳动的节律性增强。

该研究证明，慢应激性变性低氧与长期运动所引起的适应性变化有利于降低心律失常的发生率，适应性改变与应激性变化能改善老龄果蝇的心率、纤维性震颤和收缩能力等。因此，我们应当加强长期的运动以降低心律失常的发生几率。

(三) 成果的创新特色、实践意义和社会影响

果蝇生命周期短、繁殖能力快、转基因技术成熟以及心脏功能检测方法成熟。果蝇心脏功能的增龄衰退和人类的心脏增龄变化具有高度相似性，可作为研究人类心脏节律、心肌收缩的重要模型。选用果蝇作为实验研究对象，搭建果蝇急慢性低氧与运动干预对心血管影响的模型，是相对其他类似此研究项目的对象来说是别具一格的。利用果蝇心脏结构特异性和功能相对独立性，将果蝇经过半暴露处理后在电子显微镜下观察低氧与运动对心脏功能的变化。采用急性低氧组与一次性运动、慢性低氧组与四周运动组、应激性变化与适应性变化进行比较，观察他们对老龄果蝇心脏节律的影响。通过其因素干预来研究安全有效地干预方法，降低老年人的心律失常及其引起的心脏疾病的发生，对提高老年人的生活质量，实现健康老龄化社会具有重要的现实意义。

(四) 研究成果和研究方法的特色

老龄果蝇通过中期连续4周的低氧训练与运动训练，使其因增龄所致的心律不齐上升有所减缓，同时心脏泵血能力显著增强，果蝇的心率、舒张间期、纤维性颤动有所改善。长期的规律的运动或低氧能够延缓老龄果蝇因增龄所致的心率失常的发生，为保持后期运动效果，老龄果蝇运动锻炼应该长期进行。本研究为低氧与运动干预对老年果蝇心脏功能的影响提供了良好的理论依据。也表明果蝇低氧与运动对心脏节律的影响与人有极大的相似性。

项目组成员在导师的指导下，自主进行创新训练和创业训练与创业实践，并做好原始记录备查。项目负责人需按要求汇报项目进展情况，教务处（创新创业教育办公室）对项目进展进行跟踪管理，并根据项目进展情况决定是否进一步资助。项目负责人应全面负责项目的实施、经费使用、结题总结及成果鉴定等工作。项目研究工作结束后，在规定的时间内，将结题材料（总结报告、论文、设计、专利等）报送办公室，学校将组织有关专家进行评审验收。项目负责人不得随意更改项目内容、更换项目组成员、推迟项目结题，如有特殊原

因需要变更，应提出书面理由，经批准后方可变更。项目建设达到预期目标，通过验收方可结题。发表论文、申请（授权）专利、登记软件著作权、以项目为基础获得省级以上竞赛奖励等均可作为结题依据。省级创新训练和创业训练项目团队成员以第一作者在省级以上刊物发表论文，国家级创新训练项目和创业训练项目团队成员以第一作者在国家级刊物、SCI发表论文方可结题；省级以上创业实践项目以项目负责人作为第一作者在"互联网+""挑战杯""创青春"等创新创业大赛中获省级铜奖以上奖励为结题依据；以实物发明为建设目标的项目需提交实物成果由评审小组评定。项目因特殊原因不能如期结题，可申请延期，延长期不得超过项目执行最长时限。延期后仍未能结题的，项目予以撤销，剩余经费收回由学校统一调剂使用。各学院项目完成情况作为下年度项目申报指标分配依据，指导老师指导的项目完成情况作为下年度项目立项和评审依据；省级、国家级未如期结题项目的指导老师1年内不立得项新项目。

四、经费使用情况

学校对获准立项的项目会根据上级文件精神和项目需求给予经费资助，主要用于学生项目实施过程中所需的实验材料费、仪器设备租借费、资料文印费、版面费、调研费、通讯费、被试费等相关费用。需要注意的是经费不用于设备购置，不提成管理费，不得挪用。项目经费根据完成情况分批次下拨，立项后下拨校级经费的50%，通过中期考核后拨付剩余经费，中期考核未通过的项目做撤项处理并收回项目经费，中期考核优秀项目将给予一定经费奖励。

学校设立大学生创新创业训练计划项目专项经费账户，经费应在导师的指导下，由学生掌握使用。经费使用必须按照国家有关部门和学校财务制度执行。发票需经指导老师签名后按学校财务制度报销，项目负责人不得仿冒指导老师和成员签名，否则将撤销项目并按学校相关规定处理，本人不得再申请大学生创新创业训练计划项目。

五、项目研究总结报告与反思

在完成预期计划中的通过M-mode心动图检测急性低氧、慢性低氧、一次性运动和四周运动干预后老龄果蝇的心率、心动周期、心律不齐指数、纤维性颤动等心脏功能相关参数，探讨低氧与运动后应激性改变与适应性变化对老龄果蝇心脏节律的影响。在实验之前我们揣测低氧与运动能降低中老年果蝇心律失常的发生率。现在通过实验证明了我们的猜想：低氧与运动能改善中老年果蝇的心脏功能。

在实践方面，本小组成员积极配合，勇发感言出谋划策，及时解决实验中存在的问题，使我们的实验能提前完成。我们从寻找课题到申请立项，从搜索学习文献到联系购买材料，从一步步实验过程到一个个结果测试，从发现分析解决问题到提高改善方案，一路走来，感觉收获颇多。在这段时间里，我们以果蝇为伴，每天过着两点一线的生活，没有假期和足够休息时间，然而大家并没有相互抱怨，更多的是相互理解，相互帮助。做果蝇实验，洗刷试管是不可忽略的部分，大家都积极参加、主动帮忙洗刷试管。让果蝇有良好的生活环境，从而有利于果蝇数据的真实性。在此次实验中，我们认识到自己的专业知识不够，需要我们查阅更多的文献来弥补我们的不足。我们对专业有了更深的了解，知道了做实验当中的一些基本规律、准则。深刻明白做实验需要足够的耐心，需要正确面对失败，在失败中找到自己的不足并加以改正。在这个过程中我们收获不少，不仅学会了如何查阅文献、设计实验、动手做实验以及处理数据并分析数据，还收获了知识和多学会一种技能，同时这也让我们收获了一份纯真的友谊。我想这段痛并快乐的日子已成为我们共同的记忆，它会牢牢地印在我们的心底，让我们永远不会忘怀。

在创新方面，首先要确定创新的方向和目标。方向和目标是贯穿整个实验的核心，只有明确方向，围绕这个方向努力下去，才可能有结果。之前由于创新方向的不确定，让我们在申报实验之前付出的颇多努力都成了白费力，最后却因为想法不实际而终止了。幸好，让我们学会更熟练地查阅文献并快速地提取信息。经过小组讨论以及指导老师的指点后，我们统一意见确定了新的创新的方向和目标，努力地完成了实验的申题报告。由此可见，确定合理的、实际的创新的方向和目标才可能有结果。此外，一定要注意积累经验，能够提出大胆的猜测，并为之付诸实践。针对关键的问题，做进一步的改进。就比如说开始运动时，运动装置震落的声音很响，冲力太大，就会影响果蝇的运动效果，为了缓解果蝇在运动装置中所受的冲力，就在训练管的底部加了1cm厚的海绵，问题才得以解决，不然会影响整个实验的进程。其实，每一个伟大的成就都是这样"平凡"地一步步得出来的。

但问题总是存在的，在实验的过程中，由于分组较多，果蝇总需求量大，导致分雌雄的工作量大，刚开始组员操作技术不够熟练，需要果蝇长时间吸入二氧化碳气体保持麻醉状态，最终导致部分果蝇吸入过量二氧化碳而死亡。同时，由于工作量过大，在分雌雄的过程中容易误把雄蝇当成雌蝇收集，导致部分试管被污染，只能重新培养。这不仅加大了我们的工作量，还耽误了实验进程。还有，半暴露果蝇心脏制备技术不熟练导致有的果蝇心管损坏。后面经过小组讨论提出解决方案，组员加强训练提高了分辨果蝇性别的能力，并加快了分雌雄的速度，且当羽化的果蝇数量过多时，组员轮流分雌雄，十分钟轮换一次；加强训练提高半暴露果蝇心脏的制备的能力。因此在这友情提示，后续做果蝇实验的同学，需熟练技术，分组量多的情况可以通过分批次培养果蝇的方法来错开羽化高峰，从而提高分辨雌雄的速度和准确率。

总之，在这次创新实验里，我们学会了认真负责对待实验，踏实勤恳地去做实验，坚持不懈地完成实验，在懒惰面前克制自己，在困难面前保持乐观积极的心态。

这些东西是书本上学不到的。感谢学校能够提供这样一个实践的机会，感谢我们的指导老师郑澜教授，感谢团队中每个成员以及帮助过我们的老师和朋友。

六、结题后的鼓励与奖励办法

（1）项目通过结题验收后颁发结题证书，根据《2016版本科专业人才培养方案的指导性意见》同时可申请获得公共选修课创新创业模块2学分。

（2）基于大学生创新训练项目的成果参加学科竞赛、创新创业大赛获奖，可按学校相关办法对学生及指导教师给予奖励。在项目实施过程中有突出成果的学生，可申请专项推免。

（3）项目结题后，由教务处根据学项目结题情况，结合实验工作记录，对指导教师工作量进行审核，认定教学工作量。

第二节　国家大学生创新性实验项目的典型案例

"规律运动介导糖转运蛋白（Glut1）基因敲减对高糖饮食幼龄果蝇心脏功能的影响"是一项国家级大学生创新实验，是近期指导的一个较典型的实验项目，按照创新项目流程以及完成的主要文字报告，分为三个部分，分别是申报、中期答辩和结题。

一、大学创新性实验项目的申报

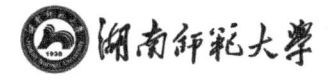

湖南师范大学

大学生创新性实验项目申报书

项目名称　　规律运动介导糖转运蛋白（Glut1）基因敲减对高糖饮食幼龄果蝇心脏功能的影响

起止时间　　　　　　***年**月——***年**月

申请经费　　　　　　***万元

负责人姓名　　　　　***

所在单位　　　　　　***

指导老师姓名　　　　***

湖南师范大学教务处制

项目名称	规律运动介导糖转运蛋白(Glut1)基因敲减对高糖饮食幼龄果蝇心脏功能的影响		项目所属一级学科	体育学
个人申请 □	团队申请 √		团队名称	运动与高糖饮食小组
申请经费	1.5万		起止时间	2019年4月至2020年4月

申请人或团队	姓名	***	***	***	***	***
	年级	***	***	***	***	***
	专业	***	***	***	***	***
	学号	***	***	***	***	***

负责人	***	所在学院	***	联系电话	***	Email	***	***
导师	***	职务/职称	***	联系电话	***	Email	***	***

计划时数	120	建议学分	8学分
主体设备	第三代果蝇运动训练装置	果蝇生化培养箱	高倍显微镜M-mode分析系统

消耗材料经费预算	种类	二氧化碳	3-Methyladenine	果蝇培养基	平底玻璃试管	ELISA检测	Trizol	裂解液	果蝇品系
	用量	1瓶	2盒	6000管	1000管	2盒	1盒	2盒	3种
	经费（元）	200	1200	2300	1200	5000	2000	1100	2000
	总计（元）	1.5万							

申请理由

立项依据（包括国内外研究动态、研究意义）

研究意义：

糖代谢紊乱是由于体内胰岛素分泌不足而引起的体内蛋白质、糖、脂肪代谢紊乱并有遗传倾向的疾病，是一种高发病率的慢性终身性疾病，且代谢类疾病发病率逐年上升，其发病机制尚不明确[1,2]。果蝇是一种研究人类同源基因的模式生物，具有生长周期短、繁殖扩大快、与人类同源性高且利于实验操作等特点，为实验提供了有用的动物模型[3]。利用果蝇建立高糖果蝇模型，以探讨糖代谢疾病的发病机制已成为代谢研究领域的热点，高碳水化合物饮食一直与心脏功能障碍有关，但慢性高糖导致心力衰竭的机制仍然知之甚少[4,5]。有研究表明用高糖饲料喂养果蝇，从生理水平检测到果蝇的血糖、甘油三酯水平升高，并对心脏功能以及运动能力等多项指标产生影响，并发现果蝇有类似于哺乳动物糖尿病性心肌病的疾病症状[6]。果蝇与人类一样，过度的糖类饮食会产生心肌毒性，引发体内糖代谢紊乱，产生类似人类Ⅱ型糖尿病的症状[7-9]。

葡萄糖是细胞进行糖代谢及产生能量的重要前提，这一过程是在糖转运体介导下完成的，在人体组织中，葡萄糖稳态主要由14个葡萄糖转运体家族成员（称为SLC2A）组成，调节并进行便利的糖运输。不同葡萄糖转运体显示不同的葡萄糖亲和力，适应各种代谢需求的每一个细胞[10]。葡萄糖转运蛋白（Glucose Transporter，Glut）主要功能为摄取和转运葡萄糖，是关键的细胞代谢调节器之一，已有研究显示，Glut家族基本结构为共跨越细胞膜脂质双分子层的蛋白质分子[11]。目前FlyBase中能够检索到的果蝇糖转运蛋白有Glut1和Glut3。Glut1由SLC2A1基因编码，调控不同细胞从多个组织摄取葡萄糖的能力[12,13]，Glut1是目前已知体内分布最为广泛的葡萄糖转运体，其对葡萄糖分子具有很高的亲和力，在相对低浓度下也能转运葡萄糖分子[14]。Glut1作为葡萄糖转运蛋白家族成员，对心脑血管与糖代谢等慢性病的调控起到至关重要作用[13,14]。

已有研究证明，高糖饮食能够造成果蝇糖代谢功能紊乱，并对果蝇心脏功能产生影响[6,15]，其具体机制仍然属于未知领域。我们以规律运动介导Glut1基因敲减，研究高糖饮食联合对果蝇心脏功能的影响。众所周知，运动对人体糖代谢具有显著的作用，运动也是一种极好的治疗代谢疾病的方式[16]。因此，用果蝇作为模式生物，探讨规律运动干预对果蝇糖代谢与心脏功能的积极效应，为我们进一步认识果蝇糖类代谢以及心脏功能与糖转运蛋白之间的联系提供帮助。

国内外研究动态：

对于高糖饮食的研究，到目前为止开展较多，但少有研究有关规律运动对高糖饮食联合糖转运蛋白基因敲减果蝇的影响，以及从糖转运蛋白基因方面探究果蝇糖代谢紊乱与心脏功能障碍的具体机制。

|申请理由|国内研究动态：在梁进涛[17]的高糖对斑马鱼胚胎心脏发育的影响及机制研究中，表明高糖饮食可引起斑马鱼胚胎心脏发育落后和多种心脏畸形。高糖环境下心脏形态发生过程中最早受到影响的环节是心管环化，环化障碍是心脏发育异常的起源。高糖引起环化障碍，与心脏表达改变有关，及在心脏表达的改变可能是高糖引起心脏瓣膜发育异常的机理。在王春旭[18]的巴西莓和白藜芦对高糖高蛋白或高脂饮食果蝇寿命的影响及机制研究中，提出在果蝇模型上，糖和蛋白质的比例显著调节寿命。其中提到的卡路里限制是近年来许多研究的热点，有许多学者进行了相关的研究和报道。摄食限制（又被称作能量限制，或者食物限制）能引起实验动物体寿命的延长或是一些生理性的改变，后来将这一理论应用于人体，发现能量限制对人类也具有延缓衰老的效果。在王春旭等人的研究中，表明标准饮食中含有10%的糖和10%的酵母。高糖低蛋白饮食中含18%的糖和2%的酵母（糖和酵母的比例为9∶1）。在总卡路里相同的条件下，与标准饮食相比，高糖低蛋白饮食延长果蝇的平均寿命，而低糖高蛋白饮食缩短果蝇的平均寿命。其研究方法，通过调节食物中的蔗糖、酵母和多脂酸含量制备各种成分的果蝇饮食，并建立糖尿病果蝇模型。王彬[19]等人研究中，高糖和纳米金对果蝇的代谢影响及机制研究中，利用果蝇来探讨Ⅱ型糖尿病的发病机制，确定了在果蝇中控制能量代谢的两条拮抗的信号通路是胰岛素信号通路和脂动激素通路，即糖类和脂类物质。果蝇幼虫喂养高糖饲料，通过检测血糖等多项生理指标以及涉及胰岛素信号通路相关基因的表达水平，确认其出现了与糖尿病症状相类似的特征。范丽芬[20]在白藜芦醇对高糖诱导乳鼠心肌细胞损伤和凋亡的保护作用中研究了高糖对于大鼠心肌细胞的影响。心肌细胞是一种终末分化细胞，没有再生增殖能力，长期慢性的凋亡使其数量逐渐减少会导致心脏泵血功能降低直至心力衰竭。当前的许多研究致力于阐明糖尿病引起心肌细胞凋亡的机制，并寻找能抑制糖尿病心肌细胞凋亡的方法和药物，进而控制糖尿病的发展和各种并发症的发生。在提蕴[21]的TRB3糖尿病性心肌病的实验研究中，背景糖尿病作为冠心病的等危症得到广泛共识，糖尿病患者的心血管风险显著增加。糖尿病性心肌病（Diabetic Cardiomyopathy, DCM）是由糖尿病引起的以左心室舒张功能受损和心功能不全为主要表现的心肌病变，是糖尿病患者心力衰竭发生率高和死亡率高的主要原因。在段寅慧[22]等的鬼箭羽配伍荔枝核对果蝇模型糖脂代谢的影响研究中，一周的高糖饮食与高脂饮食建立果蝇糖尿病模型，并检测到三酰甘油与果蝇海藻糖含量显著升高。

国外研究动态：在众多的代谢类疾病中，糖代谢紊乱的发生常伴随着一系列的并发症，比如肥胖，心血管疾病、脂肪肝、肾脏疾病等。在Jianbo和Matthieu等的研究中[23, 24]，心脏组织被认为对糖和胰岛素的变化特别敏感。在Jianbo的研究中表明，长期高糖类的饮食与心脏功能紊乱具有密切的联系，且其机制仍不清楚。研究证实了心脏功能衰退伴随着胶原纤维化的积累，胰岛素信号减弱。切除胰岛素产生细胞可以拟表出多种糖尿病的症状。利用果蝇建立高糖果蝇模型，以探讨Ⅱ型糖尿病的发病机制，现已成为代谢研究领域的热点。用高糖饲料喂养果蝇，从生理水平检测果蝇的血糖含量以及体重等多项指标，发现果蝇有类似于哺乳动物Ⅱ型糖尿病的疾病症状[24]。|

在Georgeta等人的研究中表明[23, 25, 26]，经常食用含糖饮料与冠心病的风险更高，使用高脂饮食诱导代谢体内平衡的一个重要变化，观察到高脂喂养动物，由于外围的胰岛素样钛阻力表现出严重的增长抑制。动物实验中目前所观察到的几种代谢紊乱类似于Ⅱ型糖尿病患者，这些结果表明，胰岛素抵抗基因在果蝇和人类中有共同的分子机制，果蝇可能会成为一个强大的遗传系统，用于研究这个复杂的综合征的某些方面[25]。

众多研究[23, 27]表明，高浓度的饮食糖足以直接导致果蝇心律失常、心力衰竭以及缩短分数降低和心肌细胞纤维化等症状。高糖饮食与各种相关问题，包括肥胖、胰岛素抵抗、代谢综合征、Ⅱ型糖尿病具有直接关系，经常食用含糖饮料，得冠心病的风险更高[28]。

参考文献：

[1] W.S. Lee, J.Kim. Diabetic cardiomyopathy: where we are and where we are going, Korean [J].Intern Med, 2017, 32(3): 404-421.

[2] Y. Kwon, H.J. Kim, S. Park, et al. Body Mass Index-Related mortality in patients with Type 2 diabetes and heterogeneity in obesity paradox studies: A Dose-Response Meta-Analysis [J].PLoS One, 2017, 12(1): e0168247.

[3] L. Zheng, Y. Feng, D.T. Wen, H. Wang, X.S. Wu. Fatiguing exercise initiated later in life reduces incidence of fibrillation and improves sleep quality in Drosophila [J]. Age(Dordr), 2015, 37(4): 9816.

[4] S.N.Morris, C.Coogan, K.Chamseddin, S.O.Fernandez-Kim, et al. Development of diet-induced insulin resistance in adult Drosophila melanogaster [J]. Biochim Biophys Acta, 2012, 1822(8): 1230-7.

[5] C.Y.Yu, J.G.Yu, J.F.Gu, et al. Effect and mechanism of aerial parts of Salvia miltiorrhiza effective constituents on glycolipid metabolism of high sugar-induced Drosophila melanogaster metabolic disorder model [J].Zhongguo Zhong Yao Za Zhi, 2018, 43(7): 1484-1491.

[6] P.Graham, L.Pick, Drosophila as a model for diabetes and diseases of insulin resistance [J]. Curr Top Dev Biol, 2017, 121, : 397-419.

[7] S.N.Al Saud, A.C.Summerfield, N.Alic.Ablation of insulin-producing cells prevents obesity but not premature mortality caused by a high-sugar diet in Drosophila [J]. Biological Sciences, 2014, 282(1800): 20141720-20141720.

[8] S.B.Diop, R.Bodmer. Gaining insights into diabetic cardiomyopathy from Drosophila [J]. Trends Endocrinol Metab, 2015, 26(11): 618-627.

[9] E.Rulifson, J.Na, L.P.Musselman, J.Pendse, et al. A Drosophila model of high sugar diet-induced cardiomyopathy [J].PLoS Genetics, 2013, 9(1): e1003175.

[10] A.L.Olson, Regulation of GLUT4 and insulin-dependent glucose flux [J].ISRN Mol Biol, 2012, 2012: 856987.

[11] S. Karim, D.H.Adams, P.F.Lalor.Hepatic expression and cellular distribution of the glucose transporter family [J]. World J Gastroenterol, 2012, 18(46): 6771-81.

[12] E.A.Wellberg, S.Johnson, J.Finlay-Schultz, et al. The glucose transporter GLUT1 is required for ErbB2-induced mammary tumorigenesis [J].Breast Cancer Res, 2016, 18(1): 131.

[13] K.P.Lloyd, O.A.Ojelabi, J.K.De Zutter, et al. Reconciling contradictory findings: Glucose transporter 1 (GLUT1) functions as an oligomer of allosteric, alternating access transporters [J]. J Biol Chem, 2017, 292(51): 21035-21046.

[14] D.Shao, R.Tian. Glucose Transporters in Cardiac Metabolism and Hypertrophy [J].Compr Physiol, 2015, 6(1): 331-51.

[15] O.Taghli-Lamallem, E.Plantie, K.Jagla, Drosophila in the Heart of Understanding Cardiac Diseases: Modeling Channelopathies and Cardiomyopathies in the Fruitfly [J]. J Cardiovasc Dev Dis, 2016, 3(1): 7.

[16] Wen D-T, Zheng L, Yang F, et al. Endurance exercise prevents high-fat-diet induced heart and mobility premature aging and dsir2 expression decline in aging Drosophila[J].Oncotarget. 2018, 9(7): 7298-7311.

[17] 梁进涛. 高糖对斑马鱼胚胎心脏发育的影响及机制研究[D].复旦大学, 2010.

[18] 王春旭. 巴西莓和白藜芦醇对高糖、高蛋白或高脂饮食果蝇寿命的影响及机制研究[D].华中科技大学, 2012.

[19] 王彬. 高糖和纳米金对果蝇代谢的影响及机制研究[D].南京师范大学, 2012.

[20] 范丽芬. 白藜芦醇对高糖诱导的乳鼠心肌细胞损伤和凋亡的保护作用[D].山西医科大学, 2013.

[21] 提蕴. TRB3与糖尿病性心肌病关系的实验研究[D].山东大学, 2012.

[22] 段寅慧, 吴敏. 鬼箭羽配伍荔枝核对果蝇模型糖脂代谢的影响[J].吉林中医药, 2014, 34(03): 278-281.

[23] Na J, Musselman LP, Pendse J, et al. A Drosophila Model of High Sugar Diet-Induce Cardiomyopathy[J].Rulifson E, ed.PLoS Genetics, 2013, 9(1): e1003175.

[24] Pasco MY, Léopold P. High Sugar-Induced Insulin Resistance in Drosophila Relies on the Lipocalin Neural Lazarillo[J].Shingleton AW, ed.PLoS ONE, 2012; 7(5): e36583.

[25] Musselman LP, Fink JL, Narzinski K, et al. A high-sugar diet produces obesity and insulin resistance in wild-type Drosophila[J]. Disease Models & Mechanisms, 2011, 4(6): 842-849.

[26] Crivat G, Lizunov VA, Li CR, et al. Insulin Stimulates Translocation of Human GLUT4 to the Membrane in Fat Bodies of Transgenic Drosophila melanogaster[J]. Bergmann A, ed. PLoS ONE. 2013, 8(11): e77953.

[27] Diop SB, Bodmer R. Gaining insights into diabetic cardiomyopathy from Drosophila[J]. Trends in endocrinology and metabolism: TEM. 2015, 26(11): 618-627.

	[28] O.Taghli-Lamallem, E.Plantie, K.Jagla.Drosophila in the Heart of Understanding Cardiac Diseases: Modeling Channel opathies and Cardiomyopathies in the Fruitfly[J].J Cardiovasc Dev Dis, 2016, 3(1).
申请理由	自身具备的知识条件、自己的特长、兴趣等： 本项目组成员系湖南师范大学体育学院运动人体科学、临床医学、生命科学专业学生，我们是一群年轻有活力的学生、专业成绩较好、爱动手实验操作且对果蝇实验研究有着浓厚的兴趣。现在老师的帮助下组成一个团队针对果蝇运动与高糖有关课题进行探讨研究。我们成员在校期间都已修完运动解剖学、运动生理学、运动生物力学、运动生物化学等专业课程，掌握了基础学科知识的同时已熟练掌握常用的实验仪器操作方法，有进实验室饲养、转管、麻醉等果蝇实验技术，细读了《果蝇实验手册》，对果蝇作为模式生物的优势及在心脏学研究领域有着清晰的认识，希望在规律运动介导糖转运蛋白(Glut1)基因敲减对高糖饮食幼龄果蝇心脏功能的影响有关问题研究深入探讨。 前期准备工作（包括拜访老师、考查实验室、查阅文献等）： 我们团队在老师的帮助下安排了第一次见面，详细的介绍了实验的内容，指导每一位成员参与到实验中。随后拜访了体育学国家级实验教学示范中心、体适能与运动康复湖南省重点实验室主任、湖南师范大学体育学院运动人体科学教研室的郑澜教授，他为我们的实验课题提供了大量相关专业信息和技术指导。之后我们又多次邀请郑澜老师和研究生师姐与我们探讨为我们补充国际科学前沿的学术动态，帮我们解决我们在专业上的不解后，课题申请团队通过在知网、pubmed等数据库查阅大量相关文献资料的基础上选择了"规律运动介导糖转运蛋白(Glut1)基因敲减对高糖饮食幼龄果蝇心脏功能的影响"作为研究课题，本研究邀请郑澜作为指导老师，郑澜老师的研究方向为体育运动对心血管形态结构与生理功能的影响及分子机理，主持了国家自然科学基金课题3项。实验所用仪器设备均由体适能与运动康复湖南省重点实验室提供，实验室配有自主研制的果蝇运动训练装置，DAMS3系统监测睡眠，高倍显微镜，实验所需器材齐全。同时，本团队与湖南师范大学生命科学学院有良好合作，在实验中，会有老师带领前往生命科学学院心脏发育研究中心进行其他研究，也使本研究具备优越的实验条件和技术支持，能保证实验的顺利。
项目创新点	1.本研究采用国内目前唯一自行研制成功的第三代果蝇运动平台装置（已获得国家专利），提高了果蝇运动可控性的同时大大降低运动装置对果蝇本身的影响。 2.本项目紧密跟踪"运动对心血管结构和功能的影响及防治糖尿病"这一热点的前沿科学，通过运动结合基因敲减干预高糖果蝇，研究果蝇心脏功能的影响鲜有报道。 3.利用UAS-Gal4体系在果蝇模型中实现糖转运蛋白(Glut1)基因敲减。

方案设计

1.实验动物及分组

本研究选用果蝇：野生型w^{1118}（品系号：3605）、arm-Gal4（品系号：39249）、Glut1（品系号：v13326）作为实验对象（品系来源见表1），通过利用GAL4/UAS系统，将糖转运蛋白调控基因UAS-RNAi品果蝇（Glut1基因）分别与arm-GAL4品系以及w^{1118}杂交，实现果蝇糖转运蛋白基因敲减与正常表达。收集两组杂交F1代8小时内羽化的处女蝇，随机进行正常饮食(Normal Diet, ND)与高糖饮食（High Sugar Diet, HSD）培养，以及开始运动训练。高糖饮食组进行为期7天的高糖培养，同时运动组进行7天的规律运动，第一天普通培养基进行适应，7天高糖与运动干预结束后24时内取材。分组为正常饮食组（W-ND组）、高糖饮食组（W-HSD组）、基因敲减组（ARM-ND组）、基因敲减高糖饮食组（ARM-HSD组）、运动组（E-ND）、运动高糖饮食组（E-HSD），运动基因敲减组（E-ARM组），运动基因敲减高糖饮食组（E-ARM-HSD组）共8组，每组400只。7天运动与高糖方案结束后24小时内取材。

表1 果蝇品系及来源

品系号	基因型	简写式	来源
3605	W^{1118}	W^{1118}	Bloomington Drosophila Stock Center and Vienna Drosophila RNAi Center
39249		arm-Gal4	
v13302	w^{1118}；P{GD3029}v13302	Glut1	

表2 实验分组

组别	基因型简写式
空白对照组	W-ND
高糖饮食组	W-HSD
基因敲减组	ARM-ND
基因敲减高糖饮食组	ARM-HSD
运动组	E-ND
运动高糖饮食组	E-HSD
运动基因敲减组	E-ARM
运动基因敲减高糖饮食组	E-ARM-HSD

2.果蝇培养基的配制

正常培养基：以6L水的培养基为例（可按比例增减量），加热前，先加入黄豆粉120.5g，酵母粉148.8g和玉米粉504.0g搅匀，加热过程中再加入琼脂51.4g，直至沸腾。沸腾后停火，冷却过程中加入蔗糖和麦芽糖各369.6g，麦芽糖要慢慢加入，防止成团，待蔗糖和麦芽糖充分溶解后，加入丙酸20mL、对羟基苯（20g溶于200mL无水乙醇），充分搅拌后立即分装于洁净的培养指管中，每管培养基厚度为0.5~1.0cm。

<table>
<tr><td rowspan="2">方案设计</td><td>

3.高糖方案

高糖培养基的配制：在正常培养基的基础上增加15%蔗糖含量，即增加3倍蔗糖量，以1L为例，需再加入184.8g蔗糖。

需进行高糖的果蝇于2天龄开始高糖饮食1周，其他为正常饮食。

4.运动方案

运动采用第三代果蝇运动训练装置（已获得国家专利），培养指管底部培养基至棉塞下端预留8cm作为果蝇运动区域，平台电机转速24s/转，实行1.5小时运动训练方案。训练时间为13：30—15：00，从2天龄运动直到8天龄。

果蝇运动

5.指标检测

5.1 果蝇心脏功能M-mode心动图检测

（1）半暴露果蝇心脏制备

运动与高糖方案结束的第二天进行M-mode心动图检测。将果蝇置于麻醉瓶(Flynap TM)麻醉5min左右，取出果蝇将其腹面朝上整齐粘于涂有凡士林的玻璃皿内，在体视显微镜(舜宇SZM45)下进行解剖。解剖时，用显微剪刀(ROBOZ RS－5621)剪除果蝇的腹部上表皮、胸部上表皮和头部，即时加入充氧人工血淋巴液（由果蝇血淋巴配剂、蔗糖、海藻糖按照8：1：1的比例制成，4℃保存），将果蝇腹部脏器用显微镊子(ROBOZ RS－5010)轻微托出去除，用真空泵(予华SHZ-D III)连接毛细玻璃针管将心脏两旁的游离脂肪吸除，给玻璃皿换取新鲜充氧人工血淋巴液后即可进行心动视频拍摄，整个操作过程在25℃环境下进行。

（2）果蝇心动视频拍摄

果蝇心动视频拍摄在正置显微镜(Nikon E－400)下进行，物镜为10×潜水镜头(Nikon)，采用高速EM-CCD数码摄像机(Hamamatsu)进行视频拍摄，帧数为130帧/s，每只果蝇拍摄时长为30s。半自动光学心跳分析软件利用HC Image软件记录并处理视频数据，果蝇心动视频分析采用半自动光学心跳分析软件(Semi-automatic Optical Heartbeat Analysis software，SOHA；由美国桑福德-伯纳姆医学研究所Rolf Bodmer教授和Karen Ocorr教授惠赠) 定量分析果蝇舒张/收缩直径（Diastolic Diameter，DD，/Systolic diameter，SD），心律不齐指数（Arrhythmia Index，AI；AI为30秒内心动周期标准差除以30秒内心动周期中间值所得）等心脏功能指标。

</td></tr>
</table>

5.2 DAMS监测果蝇睡眠情况

果蝇睡眠监测装置可以体现果蝇昼/夜活动行为情况,还可提示果蝇昼/夜休息与睡眠规律。将每只果蝇单独放在各自特制的小管[由一种透明的碳聚酸脂(polycarbonate)塑料制成,它的任何一个点都能被光穿透]中,小管一端放置标准培养基并用配套橡皮套封闭,另一端由海绵塞封闭。将小管水平嵌入运动监视器的监测孔中,活跃的果蝇会在管子中来回走动,打断垂直穿过管子的红外光束,这一行为将会被作为运动参数记录下来。各组果蝇随机选取32只,于全部干预方案结束的第2天15点以前放入果蝇活动监测系统,保持环境温度25℃,湿度50%,12小时昼/夜循环(每天7点开灯,19点关灯),记录每只果蝇每分钟的活动次数。通常让果蝇在DAMS中预先适应至少12小时,自第二天早上7点开始,其后的48 h所采集的数据被用作果蝇活动行为分析。在DAMS中,果蝇任意一次停止活动时间大于或等于5min(即在连续至少5min的时间内果蝇活动次数为0),则被定义为睡眠状态,睡眠状态以外的时间为清醒状态,包括停止活动时间小于5min的休息状态和活动状态。因此,我们可以通过果蝇活动监测记录来统计各组果蝇昼/夜平均睡眠总时间(total sleep duration)、清醒总时间(total waking duration)、休息时间(resting duration)、活动时间(active duration)、睡眠段数(sleep bout number,即醒来后再次入睡的次数)、平均持续睡眠时长(aver age sleep episode duration)、活动总量(total time of activity)、清醒时间睡眠时间比、单位活动时间活动量(活动总次数与活动时间之比)等指标。

DAMS监测果蝇睡眠装置

5.3 果蝇攀爬能力的检测

采用视频拍摄测定攀爬指数评定果蝇运动能力,攀爬指数评定方法:每组随机取样100只果蝇,随机分为5管,20只/管,试管底部至棉塞下端预留18cm作为果蝇逆重力攀爬运动区域,此运动区域由底部至顶端分为9等份的区域,每个区域相应得分为1、2、3、4、5、6、7、8、9分。手动震落爬在管壁的果蝇,当全部果蝇震落至试管底部开始计时,统计第五秒时各区域内果蝇个体数,重复5次震落并计算每管每只果蝇得分之和为攀爬指数,以此评定果蝇运动能力,拍摄时间为17:00到18:00。

方案设计

5.4 生命周期检测

每组果蝇各取200只，干预结束后开始，于每天17点至18点之间观察并记录果蝇死亡数，直至各组果蝇全部死亡为止。全部果蝇寿命的算术平均数为果蝇的平均寿命。统计各组果蝇平均寿命与最高寿命。

5.5 ELISA检测果蝇甘油三酯、血糖水平及体重检测

甘油三酯与血糖取每组果蝇5只共三管，置于装有500μL PBS溶液的小离心管中，-70℃储存于超低温冰箱中。甘油三酯取每组果蝇5只共三管，置于装有500μL 99%PBS+1%Triton溶液的小离心管中，-70℃储存于超低温冰箱中。

（1）样本制作：每组取20只果蝇称重，放入500μL PBS+1% Triton-x中，匀浆5分钟；（2）用细胞破碎仪使果蝇心肌细胞破裂，使匀浆液或者细胞破碎液于5000×g离心5~10min，取上清检测。离心：4000rm，15min，4℃，备用。（3）从室温平衡20min后的铝箔袋中取出所需板条，剩余板条用自封袋密封放回4。（4）设置标准品孔和样本孔，标准孔各加不同浓度的标品50。（5）样本孔中加入待测样本50L；空白孔不加。（6）除空白孔外，标准品孔和样本孔中每孔加入辣根过氧化物酶（HRP）标记的检测抗体100L，用封板膜封住反应孔，37℃水浴锅或恒温箱温育60min。（7）弃去液体，吸水纸上拍干，每孔加满洗涤液（350L），静置1min，甩去洗涤液，吸水纸上拍干，如此重复洗板5次（也可用洗板机洗板）。（8）每孔加入底物A和B各50L，37℃避光孵育15min。（9）每孔加入终止液50L，15min内，在450nm波长处测定各孔的OD值。以所测标准品的OD值为横坐标，标准品的浓度值为总坐标，在坐标纸上或用相关软件绘制标准曲线，并得到直线回归方程，将样品的OD值代入方程，计算出样品的浓度。

果蝇体重检测：体重采用电子天平称量，随机选取20只果蝇，装入事先称取重量的离心管中，归零后放入果蝇。体重数据称三次取平均值，并计算出一只果蝇的体重。

5.6 实时荧光定量PCR检测Glut1的基因表达

首先用Trizol分别提取5只果蝇的总RNA，共三管，然后用RNeasey Mini Spin Cloumn试剂盒（Qiagen公司）对RNA进行纯化，用紫外分光光度计（美国Amersham Biosciences公司）定量，-70℃保存备用。引物使用Premiers 5.0软件设计，并经NCBI BLAST基因库检索验证，与其他基因无高度同源性，引物由上海生物工程生物制品有限公司合成、纯化，再进行实时荧光定量PCR反应。

5.7 果蝇体重检测

体重采用电子天平称量，随机选取20只果蝇，装入事先称取重量的离心管中，归零后放入果蝇。体重数据称三次取平均值，并计算出一只果蝇的体重。

方案设计

6. 统计学分析

本实验各组间采用SPSS20.0进行双因素方差中析因分析分析检验各指标中高糖与运动有无交互作用，基因和高糖有交互作用时用简单效应分析，基因和高糖无交互作用时用LDS多重比较；两种情况下方差不齐时均采用非参数检验的两个独立样本检验(K-S)进行比较，实验数据用均数±标准差($\bar{x}±S$)表示，P<0.05为差异具有显著意义，P<0.01为差异具有极显著意义。

7. 实验流程图

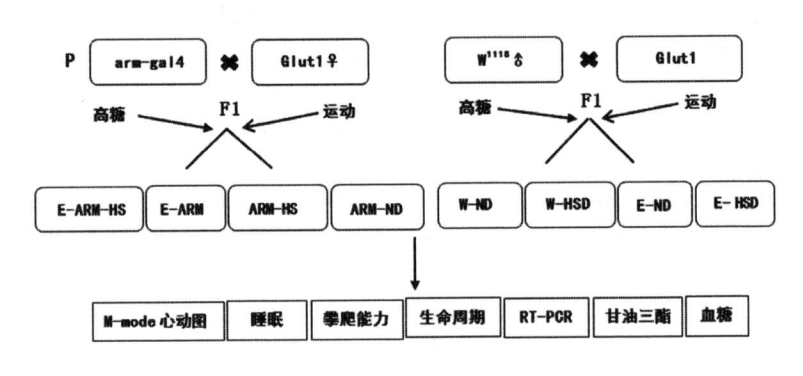

```
P  arm-gal4  ×  Glut1♀              W1118♂  ×  Glut1
        ↘   ↙                              ↘   ↙
      高糖 F1 运动                        高糖 F1 运动
       ↙ ↙ ↘ ↘                           ↙ ↙ ↘ ↘
E-ARM-HS  E-ARM  ARM-HS  ARM-ND   W-ND  W-HSD  E-ND  E-HSD
                           ↓
M-mode心动图  睡眠  攀爬能力  生命周期  RT-PCR  甘油三酯  血糖
```

预期成果

1. 本项目通过对运动结合基因干预高糖饮食对心脏功能影响的研究，为运动干预延缓心脏功能下降的研究提供新的理论依据和思路。
2. 完成本科生学位论文2~3篇。
3. 发表1~2篇学术论文。

实验室意见

主任签字：
　　年　月　日

导师意见

签名：
　　年　月　日

学院工作组意见	签字盖章： 　　　年　月　日	学校意见	签名盖章： 　　　年　月　日

二、大学生创新训练项目的中期检查

大学生创新训练项目中期检查书

项目名称　　规律运动介导糖转运蛋白（Glut1）基因敲减对高糖饮食幼龄果蝇
　　　　　　心脏功能的影响

项目编号　　　　＊＊＊

项目负责人　　　＊＊＊

指导教师　　　　＊＊＊

所在学院　　　　＊＊＊

资助总额　　　　＊＊＊万元，已拨款额　＊＊＊万元

起止年月　　　　＊＊＊＊＊年＊＊月＊＊至＊＊＊＊年＊＊月＊＊日

负责人电话　　　＊＊＊

E-mail　　　　　＊＊

填表日期　　　　＊＊＊年＊＊月＊＊日

湖南师范大学

一、项目主要进展

1.果蝇甘油三酯、血糖水平检测结果

果蝇甘油三酯水平检测结果，双因素方差分析果蝇甘油三酯水平(2-factor ANOVA)：基因敲减对果蝇TAG水平有极显著影响（P＜0.01），高糖对果蝇甘油三酯水平有极显著影响，二者存在交互作用（P＜0.01）。简单效应分析表明：W-HS组高于W-ND组（P＜0.01），升高约1.66倍；ARM-HS组高于ARM-ND组（P＜0.01），升高约1.24倍；ARM-ND高于W-ND组（P＜0.01），升高约1.36倍。（见表1）

表1 果蝇甘油三酯水平($\bar{x} \pm s$)（mmol/L·g）

分组	N	甘油三酯
W-ND	15	64.85±3.42
W-HS	15	107.66±5.69**
ARM-ND	15	88.16±4.61&&
ARM-HS	15	109.1±5.99##

** W-HS组高于W-ND（P＜0.01），&& ARM-HS组高于ARM-ND组（P＜0.01），##ARM-ND高于W-ND组（P＜0.01）。

果蝇血糖水平检测结果，双因素方差分析果蝇血糖水平：基因敲减对果蝇血糖水平有极显著影响（P＜0.01），高糖对果蝇血糖无显著影响（P＞0.05），二者无交互作用（P＞0.05）。多重比较结果表明：W-HS组高于达W-ND组（P＜0.01），升高约1.34倍；ARM-HS组高于W-ND组（P＜0.01），升高约1.33倍；W-HS组高于ARM-ND组（P＜0.01），升高约1.39倍；ARM-HS组高于ARM-ND组（P＜0.01），升高约1.36倍。（见表2）

表2 果蝇血糖水平($\bar{x} \pm s$)（mmol/L·g）

分组	N	血糖
W-ND	15	97.77±2.94
W-HS	15	131.4±14.46**
ARM-ND	15	94.41±3.29&&
ARM-HS	15	129.84±0.72##%%

** W-HS组高于达W-ND组（P＜0.01），##ARM-HS组高于W-ND组（P＜0.01），&&W-HS组高于ARM-ND组（P＜0.01），%% ARM-HS组高于ARM-ND组（P＜0.01）。

表3 果蝇体重(g)

分组	N	体重
W-ND	1	0.0054375
W-HS	1	0.0047713
ARM-ND	1	0.0051755
ARM-HS	1	0.0049825

2.一周龄果蝇心动显微检测图像

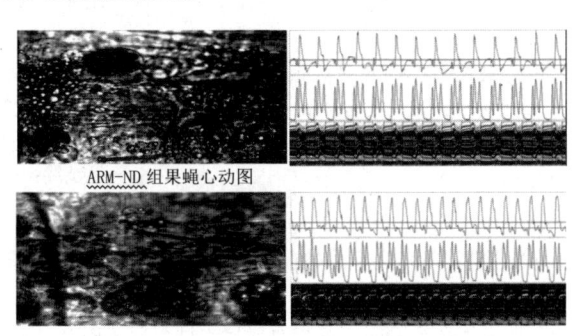

图1 W-ND组果蝇心动图

从果蝇M-Mode心动图中可以看出果蝇品系通过高糖饮食干预心脏的节律均产生明显变化，其中高糖饮食组（ARM-HSD组）心脏周围脂肪堆积相比正常饮食组增多（图中红色箭头指示处），造成果蝇心率加快、舒张间期缩短、心律不齐指数增加。

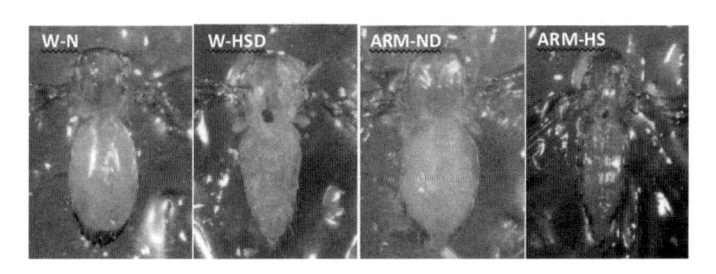

图2 一周龄果蝇形态图图

一周龄果蝇形态图中的四组图片为果蝇采取不同饮食与基因表达方案，能清晰显示W-HSD与ARM-HSD组果蝇体型瘦小。

3.果蝇心脏M-mode检测结果

心率HR检测结果表明：基因对心率无显著影响（$P>0.05$），饮食对心率存在极显著影响（$P<0.01$），二者无交互作用（$P>0.05$），多重分析比较结果表明：W-HS高于ARM-ND组，具有极显著性差异（$P<0.01$）；ARM-HS组高于ARM-ND组，具有显著性差异（$P<0.05$）。（见表4）

心动周期HP检测结果表明：基因对心动周期无显著性影响（P>0.05），饮食对心动周期具有极显著影响（P<0.01），二者无交互作用（P>0.05）。多重分析比较结果表明：ARM-ND高于W-ND组，具有显著性差异（P<0.05）；ARM-ND组高于W-HS组，并具有极显著性差异（P<0.01）；ARM-ND组高于ARM-HS组，并具有极显著性差异（P<0.01）。（见表4）

射血分数FS检测结果表明：基因对射血分数无显著性影响（P>0.05），饮食对射血分数无有显著影响（（P>0.05），二者具有交互作用（P<0.05）。简单效应分析结果表明：ARM-ND高于W-ND组，并具有显著性差异（P<0.05）；ARM-ND组高于ARM-HS组，并具有显著性差异（P<0.05）。（见表4）

舒张直径DD检测结果表明：基因对舒张直径具有极显著性影响（P<0.01），饮食对舒张直径具有极显著影响（P<0.01），二者具有交互作用（P<0.01）。简单效应分析结果表明：W-ND组高于ARM-ND组，并具有极显著性差异（P<0.01）；W-HS组高于ARM-HS组，并具有极显著性差异（P<0.01）；W-ND组高于W-HS组，并具有极显著性差异（P<0.01）。（见表4）

心律不齐指数AI检测结果表明：基因对心律不齐指数具有极显著性影响（P<0.01），饮食对心律不齐指数具有极显著影响（P<0.01），二者具有交互作用（P<0.01），简单效应分析结果表明：ARM-ND组高于W-ND组，并具有极显著性差异（P<0.01）；ARM-ND组高于ARM-HS组，并具有极显著性差异（P<0.01）。（见表4）

纤维性震颤指数FL检测结果表明：基因对纤维性震颤指数无显著性影响（P>0.05），饮食对纤维性震颤指数具有无显著影响（P>0.05），二者无交互作用（P<0.01）。多重分析比较结果表明：ARM-ND组高于W-ND组，并具有极显著性差异（P<0.01）。（见表4）

表4 果蝇心脏功能检测结果($\bar{x}\pm s$)

分组	n	HR	FS	FL	AI	DD	HP
W-ND组	30	2.06±0.44	0.31±0.07	0.91±0.07	0.12±0.1	289.11±45.37%%αα	0.52±0.11
W-HSD组	30	2.25±0.678ββ	0.34±0.06	1.01±0.09	0.11±0.1	205.67±78.77ΣΣ	0.49±0.13
ARM-ND组	30	1.88±0.44	0.35±0.06#@	1.24±0.11##	0.24±1.2##@@	132.85±21.07	0.6±0.17#μμ@@
ARM-HSD组	30	2.17±0.46&	0.31±0.06	1.02±0.09	0.15±0.1	127.09±13.87	0.5±0.11

** W-HS组高于W-ND组（P<0.01），%%W-ND组高于W-HS组（P<0.01），& ARM-HS组高于ARM-ND组（P<0.05），## ARM-ND组高于W-ND组（P<0.01），# （P<0.05），ββ W-HS组高于ARM-ND组（P<0.01），@@ ARM-ND组高于ARM-HS组（P<0.01），@ （P<0.05），αα W-ND组高于ARM-ND组（P<0.01），ΣΣ W-HS组高于ARM-HS组（P<0.01），μμ ARM-ND高于W-HS组（P<0.01）。

2.4 果蝇攀爬指数结果

双素方差分析果蝇攀爬运动能力，基因不表达对果蝇血糖攀爬运动能力有极显著影响（P＜0.01），高糖对果蝇攀爬运动能力无显著影响（P＞0.05），二者无交互作用（P＞0.05），多重比较结果表明：W-HS组高于W-ND组，具有极显著差异（P＜0.01）；W-HS组ARM-ND组，差异具有显著性(P＜0.05)；ARM-HS组低于W-HS组，具有显著性差异（P＜0.05）。（见表5）

表5　果蝇攀爬指数结果($\bar{x} \pm s$)

分组	N	攀爬指数
W-ND	20	341±34.39
W-HS	20	399±9.87**%%
ARM-ND	20	362±9.5&
ARM-HS	20	368±24.85

** W-HS组高于W-ND组（P＜0.01）；& W-HS组高于ARM-ND组（P＜0.05）；%% W-HS组低于ARM-HS组（P＜0.01）。

二、下一步工作计划

组织小组成员进行讨论学习，撰写论文。

三、经费使用情况和经费安排计划

经费使用情况：信息服务费：2500元，二氧化碳：100元，果蝇培养基：1000元，平底玻璃试管：500元，3-Methyladenine：500元，果蝇品系：1000元，ELISA检测：2000元。

经费安排计划：资料打印文献查询费400元。

四、存在问题、建议及需要说明的情况

果蝇生长状况不佳，产卵效果不好。需要及时观察果蝇生长状况以及及时给培养基加水和更换培养基。

五、指导教师意见

研究项目进行顺利，经费使用合理，达到预期研究目标，中期检查已超额完成课题任务。

校内导师（签章）：郑澜
2019年10月24日

企业导师（签章）
年　月　日

六、院系专家组意见

专家组组长（签章）
年　月　日

七、学校专家组意见

专家组组长（签章）
年 月 日

八、学校领导小组审批意见

负责人（签章）
年 月 日

三、结题报告及展示

湖南省大学生创新创业训练项目结题报告书

项目名称　　规律运动介导糖转运蛋白（Glut1）基因敲减对高糖饮食幼龄果蝇心脏功能的影响

项目编号　　***

项目负责人　***

专业班级　　***

所在学院　　***

起止年月　　***年**月至***年**月

电话　　　　***

E-mail　　　***

填表日期　　***年**月**日

湖南师范大学

一、基本情况

项目名称	规律运动介导糖转运蛋白（Glut1）基因敲减对高糖饮食幼龄果蝇心脏功能的影响			项目类型	创新训练口 创业训练口 创业实践口	
成果形式	论文			立项时间	***年**月	
完成时间	***年**月			验收时间	***年**月	
项目主要研究人员	序号	姓名	学号	专业班级	所在学院	项目分工
	1	***	***	***	***	组织、分工、参与实验各个环节操作，学习仪器设备使用
	2	***	***	***	***	负责各个果蝇品系的饲养，参与实验各个环节操作，学习仪器设备使用
	3	***	***	***	***	负责对果蝇进行规律运动、高糖饮食的干预，统计数据，参与实验各个环节操作，学习仪器设备使用
	4	***	***	***	***	负责对果蝇的各个指标进行检测，统计数据，参与实验各个环节操作，学习仪器设备使用
	5	***	***	***	***	参与各个环节的操作，学习仪器设备使用并全程做好实验记录

二、项目执行情况简介

内容提示：项目的目的和意义，项目成果的主要内容、重要观点或对策建议，创新特色、实践意义和社会影响，发表论文及获得专利情况，研究过程中财务执行情况，团队成员分工和合作情况，研究报告和过程记录的完整情况。（限定在1500字左右，附件另附）

目的和意义：适宜规律的运动训练可以延缓心脏功能的生理性衰退，但其分子机制未知。目前采用哺乳动物模型研究这一机制存在诸多困境，而果蝇的生命周期短、遗传背景简单、转基因技术成熟。随着社会的发展进步，人们生活水平的不断提高，通过多方面原因的影响使得糖尿病患者的人数呈现日益上升的趋势，而且糖尿病的发病人群也逐渐地向年轻化发展，由此影响了我国居民的整体健康水平。

项目成果的主要内容、重要观点或对策建议：实验探讨规律运动对高糖饮食联合糖转运蛋白基因敲减果蝇糖代谢功能以及心脏功能的影响，利用UAS/GAL4系统，对果蝇糖转运蛋白基因进行表达调控，分别进行高糖饮食与规律运动干预，运动与饮食干预方案结束后24小时内取材，检测果蝇心脏功能、攀爬运动能力、甘油三酯与血糖水平，并探讨规律运动对高糖饮食导致的果蝇心脏功能衰退及糖代谢紊乱的影响机制。

创新特色、实践意义和社会影响：1.本研究采用国内目前唯一自行研制成功的第三代果蝇运动平台装置（已获得国家专利），提高了果蝇运动可控性的同时大大降低运动装置对果蝇本身的影响。2.本项目紧密跟踪运动对心血管结构和功能的影响及防治糖尿病这一热点的前沿科学，通过运动结合基因敲减干预高糖果蝇，研究果蝇心脏功能的影响鲜有报道。3.利用UAS-GAL4体系在果蝇模型中实现糖转运蛋白(Glut1)基因敲减。

发表论文及获得专利情况：论文正在修改中
研究过程中财务执行情况：已报2500元，剩余5500元，还有5400元未报
团队成员分工和合作情况：本项目共五人，负责人：***
分工情况：
***：组织、分工、参与实验各个环节操作，学习仪器设备使用；
***：负责各个果蝇品系的饲养，参与实验各个环节操作，学习仪器设备使用；
***：负责对果蝇进行规律运动、高糖饮食的干预，统计数据，参与实验各个环节操作，学习仪器设备使用；
***：负责对果蝇的各个指标进行检测，统计数据，参与实验各个环节操作，学习仪器设备使用；
***：参与各个环节的操作，学习仪器设备使用并全程做好实验记录。
研究报告和过程记录的完整情况：已完成

三、研究总结报告

内容提示：预定计划执行情况，项目研究和实践情况，项目取得的主要成绩和收获，项目工作有哪些不足，有哪些问题尚需深入研究，项目工作中的困难、问题和建议。（限定在1000字左右，附件另附）

预定计划执行情况：2019年05月至2018年6月，查阅文献资料、实验设计

2019年06月至2019年10月，完成第1部分实验：筛选出对高糖饮食具有积极效应的糖转运蛋白基因的果蝇品系，并对其相关分子机制进行分析

2019年10月至2020年2月，完成第2部分实验：规律运动对高糖饮食联合糖转运蛋白基因表达改变后糖代谢功能的影响，并分析其机制

2020年3月至2020年6月，数据处理、撰写论文、投稿

项目研究和实践情况：按计划进行

项目取得的主要成绩和收获：

项目于2019年5月开题，实验前期小组成员进行了多次会议，查阅了文献资料，了解仪器设备使用方法。实验于6月份正式开始。小组各成员积极参与，有问题及时和导师和实验室其他师兄师姐反映，在实验期间我们的感悟颇多。

在实践方面，小组成员积极配合，主动承担各自实验部分，积极与其他成员沟通问题，因此我们的实验可以顺利完成。我们查阅了大量关于果蝇规律运动高糖饮食相关文献，积极和学院其他专家老师请教，听取老师意见。从实验初期小组对试验方案和实验操作进行了多次讨论，过程中不断发现、分析和解决问题，尽力改善方案，到确定最终实验方案，一路走来，感觉收获颇多，这是我们整个团队在老师和师兄师姐们的帮助下获得的成果。

在实验过程中我们也克服了种种困难，国庆节期间，我们留在实验室进行试验，这与往年回家过国庆有所不同，小组成员积极参与，积极讨论试验问题，克服所有困难，这期间大家没有抱怨而是相互鼓励相互帮助，认真做好实验的每一步。通过这次实验，我们清楚地认识到自己的专业知识还不够丰富，需要我们查阅更多的文献来弥补我们的不足。在查阅文献资料的过程中使我们对我们的专业有了更深的了解。也知道了做实验要不甘寂寞，耐得住性子，在一次又一次实验中总结经验，认识自己的不足，这样才能获得最终的成功。

在实验过程中我们也收获了不少，不仅学会了如何查阅国内外文献、设计实验、实际操作以及处理和分析数据，还收获了不少专业知识，并学会了一项实验技能，同时我们还收获了一份纯真的友谊。这段共同拼搏、共同进步的经历我们永不会忘记。

当然在实验过程中我们也遇到了种种困难，例如果蝇的生长状况不佳，产卵效果不好，不能结出足够的卵供实验使用。遇到问题，小组仔细思考问题所在，对果蝇生长环境、果蝇培养基等进行了仔细研究，最终克服了这个问题。还有在使用二氧化碳对果蝇进行麻醉时也遇到果蝇提前苏醒的情况，最后我们通过扩大二氧化碳气体供给以及加快区分果蝇雌雄的速度解决了这个问题。总的来说，在整个实验里我们遇到了大大小小的问题，但都克服过来了。

总之，在这次创新实验里，我们学会了认真严谨地设计实验，细致耐心地去推敲实验，坚持不懈地完成实验，在懒惰面前克制自己，积极乐观地面对困难。这些东西是书本上学不到的。感谢学校能够提供这样一个实践的机会，感谢我们的指导老师郑澜教授，感谢团队中每个成员以及帮助过我们的老师和朋友。

项目工作中的困难、问题和建议：果蝇生长状况不佳，产卵效果不好。需要及时观察果蝇生长状况以及及时给培养基加水和更换培养基。对论文撰写不熟悉，需要再多参考其他论文。

四、经费使用情况

经费合计8000元,其中,学校配套资助8000元,学院(所)配套资助0元,其他经费0元。

经费支出情况:

二氧化碳(实验耗材费):400元

W^{1118}、arm-Gal4、Glut1品系果蝇(实验耗材费):3000元

果蝇培养基(实验耗材费):1000元

平底玻璃试管(实验耗材费):1000元

信息技术服务(资料费):2500元

五、学院评审意见

内容提示:院系专家组对结题的意见,包括对项目研究工作和研究成果的评价等。

专家组组长(签章):
年 月 日

六、学校创新创业训练计划领导小组审核意见

负责人(签章):
年 月 日

第五章　体育学创新中的技术发明实践探索

体育学领域内的创新要素特别丰富，除了涉及学科广泛的科学理论发现以外，体育学领域还可以利用其他领域的技术进步，产生大量的技术创新。申请高质量的专利以及专利的授权数是体育学中技术创新的重要标志。在进行体育教学的过程中，学生参与体育运动，完成体育动作，都会投入到某一运动项目中亲身感受，从创新教育的角度来说，教师可以不断创造机会与学生一起分享这些感受；每一个人为实现自身的进步，包括健康状态的保持，体质水平的提高，都会从内心去感受运动所带来的一切，因此是非常真实的，从中往往蕴含着新的需求、新的实现途径。但是不管是体育专业的学生，还是其他专业的学生，他们缺乏对体育学知识的理性思考，不具备专利申请的基本技巧，通过教师的专业能力和创新的敏感性可以发现其中的创新点。教师在教学中还可以适当地穿插讲解专利案例、申请的技巧以及专利能为学生带来的好处，激发学生的创新欲望，以致产生大量的专利构思。一般来说体育动作技术的创新很难体现，如果结合器材、装备、用具、辅具的开发，那么这个瓶颈就迎刃而解了。尤其是以竞技体育运动为标志的的运作模式完全可以实现标准化、流水线化，也就是工业化、体育的产品化。既然是产品，结合人的特征，针对不同的身体活动可以设计出大量的新的工具，体育健身、运动竞技中都会有大量的器材需求，体育学领域是一个创新的富矿。另外体育学科研中针对研究需要设计的器材也是重要的创新来源，比如，实验室的动物的运动训练装置、辅助实验的装置，等等。教师不但要引导学生善于思考，而且常常还是，甚至还是新想法的提炼者、新想法表达的实现者，是学生充满激情创新创造的激励者和实现创新的推动者。

按照以上思路，近年来，实验中心教师带领学生开发了一批专利，并且获得了国家知识产权局授权，按照专利主要涉及的领域有如下两种。

1. 体育健身与运动训练器材类

一种人体柔韧性的测量训练装置和测量方法、一种劈叉测试装置、一种劈叉测试仪、一种多功能力量测试仪、一种俯卧撑动作标准度与数量监测设备、一种反应时测试仪、一种纵跳摸高仪、一种多功能人体解剖实验台、一种用于健身与体质测试的尺、一种可用于体育锻炼的多功能安全锤。

2. 体育学实验室研究中产生的专利

一种测量果蝇运动能力的方法、一种果蝇运动平台装置、一种训练果蝇运动的方法、一种训练果蝇运动的装置、一种干预果蝇运动的装置、一种果蝇运动平台装置、一种果蝇运动监测平台、一种果蝇组织包埋定位装置、一种大鼠固定装置、一种动物游泳池、智能实验室仪器使用状况自动记录仪、一种动物生理试验台。

在专利开发的过程中，学生也许只是这个专利创意的观众、运动实践的亲历者，在专利申请的过程中他们也许只是某些具体任务的执行者，本身承担的实质性工作会很少，但是当在参与教师组织的讨论中积极思考，申请时每个流程的体验，到授权后的喜悦，教师通过完成一个具体的创新项目给予学生机会，培养创新意识、提高创新能力，实现人才培养，这就是一个创新人才系统培养的过程。

第一节 体育学领域专利的申请

一、体育学领域专利申请创意的来源

在高校从事体育教学，不管教师承担的是体育专业的专业课程还是其他专业的公共体育课程，不管这名教师是在教室里或者在实验室，抑或在运动场，每一次授课都会经历与一群思想活跃的年轻人的思想碰撞，只要教师把学生这种活跃的思维与学生本身接受的专业教育还有相关的体育运动结合起来，必然会产生创新的火花。

一种多功能测试仪的发明专利就是在这样的一种背景下产生的，肌肉力量是反映人体抵抗阻力的能力，更是反映人体健康水平的重要指标。当代生活中，人们越来越认识到肌肉力量对个人预防退行性病变，保持良好的生活状态，维持良好的身体形态所起到的积极作用。在运动练习实践中，力量的测试的确是一件不容易实现的事情，人体不同的部位需要不同的仪器测量，导致仪器颇多，测量的属性各不相同；如果采用实验室的等速力量测试与训练系统来进行测试，虽然可以测试出受试者不同部位不同速度的最大力量，但是仪器本身价格昂贵，操作复杂需要专门的人员进行测试，这样测试的效率会比较低，测试的成本高，不适于大人群的测试，所以既要考虑到通用性又要考虑到便捷性，才是理想的力量测试仪器。在日常的教学中，运动解剖学、运动生理学等课程都会提到肌肉力量，实验课中，独立的实验课程运动训练与锻炼的功能测定、体质健康测评、运动损伤与康复技能等都会提到肌肉力量测试的问题，在教学和指导学生进行测试的过程中，看到各式各样的力量测试仪器，指导教师开始思考是否有一种仪器可以集中多部位的测力，一种多功能力量测试仪的创意就应运而生。

二、专利申请中的主要内容

仍然以发明专利一种多功能力量测试仪的技术说明进行举例。

1. 技术领域

本发明涉及体育器械领域，特别是指一种多功能力量测试仪。

2. 背景技术

随着全民健身运动的开展，体育锻炼是现代人增强体质、预防疾病、适应社会的有效方式之一，在现代社会生活中具有积极的作用。进行体育锻炼的效果如何，特别是肌肉力量的变化情况怎样，是许多健身者希望了解的信息。由于受到仪器、时间和场地的限制，要同时了解不同部位的肌肉力量，这种愿望很难满足。

现有技术中，有各种各样的力量测试仪器，如握力计、臂力器、拉力器、腿力器等，这些测试仪器分别测试人体不同部位的力量，但是现有技术中的力量测试仪具有局限性，同一力量测试仪不能被用于测试人体不同部位的力量，使用者若想全方位锻炼拉力，则需要多个不同的力量测试仪。

3. 发明内容

本发明的目的在于提出一种能被应用于测试人体不同部位力量的力量测试仪。基于上述目的，本发明提供一种多功能力量测试仪，包括：固定装置、传感装置和测试装置。固定装置包括固定环和无弹性索，传感装置包括传感装置连接环、拉力传感元件和显示器，显示设置在所述拉力传感元件的表面，测试装置包括测力附件。固定环与无弹性索一端连接，无弹性索另一端与设置在拉力传感元件一端的传感装置连接环连接，拉力传感元件另一端设置有另一个传感装置连接环，通过另一个传感装置连接环可拆卸的与测力附件连接。多功能力量测试仪还包括信息存储和传输装置，信息存储和传输装置能够存储力量测试结果数值并将力量测试结果数值传送到手机APP上。测力附件分为上肢测力附件、下肢测力附件和背部测力附件。通过更换不同测力附件，能够实现对不同部位静力性的最大力量测试。传感装置连接环与所述拉力传感元件铰接，当传感装置连接环在进行力量测试的过程中受到拉力时，沿拉的方向绕铰接点转动。在拉力传感元件外围设置有保护壳，拉力传感元件设置在所述保护壳的中部位置，传感元件的两侧设置有存储位，用于放置固定装置和测试装置。

从上面所述可以看出，此发明提供的一种多功能力量测试仪将多种测试仪器集中在一个装置上，能够同时测试人体不同部位的力量，同时能够测试单一或多个关节在不同角度的力量。

如图5-1所示，为本发明多功能力量测试仪一个实施例的传感装置的主视图，包括传感装置连接环1、拉力传感元件保护壳3和显示器2。图5-2所示，为本发明多功能力量测试仪一个实施例的传感装置的后视图，包括传感装置连接环1、拉力传感元件保护壳3、显示器2和拉力传感元件4。显示器2设置在拉力传感元件保护壳3的中央位置，拉力传感元件4设置在显示器2下，传感装置连接环1设置在拉力传感元件4两端。当4端的感装置连接环1固定时，使用者对设置拉力传感元件4另一端的传感装置连接环1施加拉力时，显示器2上能够显示施加拉力值的大小。

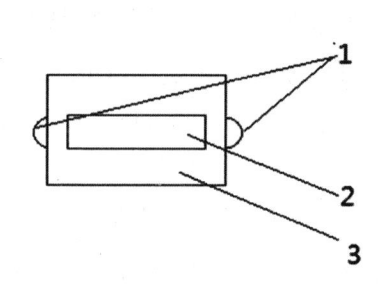

图5-1　传感装置主视图　　　　图5-2　传感装置后视图

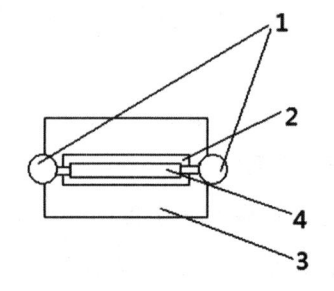

作为本发明的一个实施例，在使用本发明多功能力量测量进行力量测试的过程中，将固定环与无弹性索一端连接，无弹性索另一端与设置在拉力传感元件一端的传感装置连接环连接，拉力传感元件另一端设置有另一个传感装置连接环，通过传感装置连接环可拆卸的与测力附件连接。将固定环与外物连接固定，并通过无弹性索与拉力传感元件一端的传感装置连接环连接，无弹性索为高强度皮带。使用者对与设置在传感元件另一端的测试装置施加拉力时，拉力传感元件能测试出使用者施加拉力的大小，并通过显示器显示，使用者可以通过显示器直接读取对多功能力量测试仪施加力量的大小。

作为本发明的一个实施例,多功能力量测量仪信息存储和传输装置能够存储力量测试结果数值并将力量测试结果数值传送到手机APP上。当使用者使用力量测量仪进行力量测量时,信息存储和传输装置会记录测得的数据,并根据测得的数据生成统计表,统计表中包括测量时间和对应测量时间的最大力量值,使用者可将测得的数据传送到手机APP上,方便对自己的锻炼过程更加了解。在本实施例中,传输装置为蓝牙传输装置。

作为本发明的另一个实施例,测力附件对不同部位静力性的最大力量测试的方法如下:除测试关节外,有效固定其他关节使其保持在不变的姿势状态下;为测试环节提供有效的支撑或着力点,使肢体绕某一关节运动;可以测试单一关节,也可以测试多个关节的肌肉力量;强调测试时的动作模式,同一关节可以测试多个角度的力量。

作为本发明的再一实施例,传感装置连接环与拉力传感元件铰接,传感装置连接环可绕铰接点转动。当传感装置连接环在进行力量测试的过程中受到拉力时,沿拉力的方向绕铰接点转动,在一定程度上消除使用者施加的拉力在垂直传感装置连接环方向上的分量,使测量的结果更加准确。

作为本发明的又一实施例,在拉力传感元件外围设置有保护壳,方便使用者携带,使使用者能够做到随时随地锻炼。

本发明提供的一种多功能力量测试仪,将多种测试仪器集中在一个装置上,能够同时测试人体不同部位的力量,并且能够将测试结果实时反馈到手机APP上,实现运动跟踪。

本发明为全民健身实践和竞技运动提供一种能够测试单一或多个关节在不同角度的力量,便于力量练习者找到自己完成某一动作的薄弱环节,实现针对性的高效练习与训练。

所属领域的普通技术人员应当理解:以上任何实施例的讨论仅为示例性的,并非旨在暗示本公开的范围(包括权利要求)被限于这些例子;在本发明的思路下,以上实施例或者不同实施例中的技术特征之间也可以进行组合,步骤可以以任意顺序实现,并存在如上的本发明的不同方面的许多其他变化,为了简明,它们没有在细节中提供。

另外,为简化说明和讨论,并且为了不会使本发明难以理解,在所提供的附图中可以示出或可以不示出与集成电路(IC)芯片和其他部件的公知的电源/接地连接。此外，可以以框图的形式出示装置，以便避免使本发明难以理解，并且这也考虑了以下事实，即关于这些框图装置的实施方式的细节是高度取决于将要实施本发明的平台的（即这些细节应当完全处于本领域技术人员的理解范围内）。在阐述了具体细节（例如，电路）以描述本发明的示例性实施例的情况下，对本领域技术人员来说显而易见的是，可以在没有这些具体细节的情况下或者这些具体细节有变化的情况下实施本发明。因此，这些描述应被认为是说明性的而不是限制性的。

尽管已经结合了本发明的具体实施对本发明进行了描述，但是根据前面的描述，这些实施例的很多替换、修改和变型，对本领域普通技术人员来说将是显而易见的。例如，其他存储器架构［例如，动态RAM（DRAM）］可以使用所讨论的实施例。

本发明的实施例旨在涵盖落入所附权利要求的宽泛范围之内的所有这样的替换、修改和变型。因此，凡在本发明的精神和原则之内，所做的任何省略、修改、等同替换、改进等，均应包含在本发明的保护范围之内。

（1）一种多功能力量测试仪，其特征在于，包括固定装置、传感装置和测试装置。

固定装置包括固定环和无弹性索，传感装置包括传感装置连接环、拉力传感元件和显示器，显示设置在拉力传感元件的表面，测试装置包括测力附件。

固定环与无弹性索一端连接，无弹性索另一端与设置在拉力传感元件一端的传感装置连接环连接，拉力传感元件另一端设置有另一个传感装置连接环，通过另一个传感装置连接环可拆卸的与测力附件连接。

（2）根据权利要求1的多功能力量测试仪，其特征在于，还包括信息存储和传输装置，信息存储和传输装置能够存储力量测试结果数值并将力量测试结果数值传送到手机APP上。

（3）根据权利要求1的多功能力量测试仪，其特征在于，测力附件分为上肢测力附件、下肢测力附件和背部测力附件。

（4）根据权利要求3的多功能力量测试仪，其特征在于，通过更换不同测力附件，能够实现对不同部位静力性的最大力量测试。

（5）根据权利要求1的多功能力量测试仪，其特征在于，传感装置连接环与拉力传感元件铰接，当传感装置连接环在进行力量测试的过程中受到拉力时，沿拉的方向绕铰接点转动。

（6）根据权利要求1的多功能力量测试仪，其特征在于，在拉力传感元件外围设置有保护壳，拉力传感元件设置在保护壳的中部位置，传感元件的两侧设置有存储位，用于放置固定装置和测试装置。

三、专利申请的全流程

专利包括指发明专利、实用新型专利和外观设计专利三种类型，发明专利：设计出一个新的产品、方法或者对原有的产品、方法提出了完全新的技术方案，以上两种情况可以申请发明专利。实用新型专利：只是对产品的构造、形状或者结合两个方面提出适用于新的场景的实用的新的技术方案，可以申请实用新型专利。外观设计专利：针对产品的形状、图案或者其结合以及色彩与形状、图案的结合所作出的富有美感并适于工业应用的新设计，可以申请外观设计专利。专利申请审批程序如图5-3所示，以发明专利最为复杂且完整，下面以发明专利为例进行介绍，发明专利申请的审批程序分为受理、初审、公布、实质审查和授权五个阶段，发明专利在审查过程中与其他专利不同的是需要经过针对技术方案的实质性审查，因而审查对发明专利尤为重要。

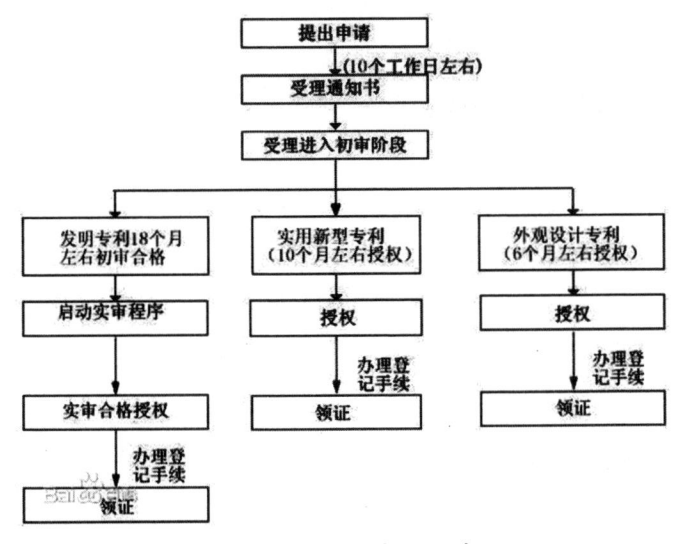

图5-3 专利申请审批程序图

1. 受理阶段审查

专利局收到专利申请后进行审查受理。

2. 初步审查阶段

经受理后的专利申请按照规定缴纳申请费的，自动进入初审阶段。

3. 公布阶段

发明专利申请从发出初审合格通知书起进入公布阶段，如果申请人没有提出提前公开的请求，要等到自申请日起满15个月才进入公开准备程序。

4. 实质审查阶段

在实审期间将对专利申请是否具有新颖性、创造性、实用性以及专利法规定的其他实质性条件进行全面审查。

实质审查中未发现驳回理由的，将按规定进入授权程序。

5. 授权阶段

发明专利申请经实质审查未发现驳回理由的，由审查员给出授权通知。

以上介绍了发明专利审查流程，综合起来发明专利审查主要三个阶段，初审阶段、实审阶段、授权阶段。与其他专利相比，发明专利的审查程序要多一个实质审查，因此发明专利审查的时间要长，且审查严格，一件发明从申请之日到授权需要经过一年半至两年的时间。

四、体育学专利申请的意义

体育学领域的专利都是与体育运动技术有关的。科学、合理的体育运动技术是与每一位参与体育运动的运动表现和健康密切相关的，而体育运动技术的创新无非就是自身动作的优化或者在使用的器具方面的革新，这些创新往往出于实践者本身需要而产生具有隐蔽性，产生后往往又很容易被人接受并很快进入公共领域，不及时进行专利申请使创新得到保护，一方面会打击创新者的积极性，另一方面会导致体育创新出现逆淘汰，最终阻碍体育事业的发展。一个体育运动技术通常是教练或运动员在长期的体育运动过程中不断尝试而创造出来的，是既凝聚着运动实践者大量的体力劳动，更凝聚着他们大量的脑力劳动的智力创新成果。鼓励体育创新实践者申请专利并进行保护，可以平衡体育运动技术的创造者和其他使用者的利益，实现体育创新的持续发展进步。

对于企业来说，通过对体育运动中的关键技术创新的专利申请和保护，可以提升体育企业的核心竞争力；对于一个国家来说，加强对体育创新的专利进行保护，可以为大众提供更多的创新产品和服务，最终实现体育运动的科技进步。同时，由于当前体育运动的国际化的趋势，体育运动的开展是没有国界的，如果一个国家对关键的体育运动技术进行专利保护，而另一个国家不进行相应的保护，势必对不进行保护的国家体育运动技术拥有者造成直接经济上的伤害。

我国有56个民族，民族众多，群众体育运动历史源远流长，通过体育创新，完全有可能挖掘整理、创造出既有健身价值又有经济价值，既群众喜闻乐见，又为世界各国人民所喜爱的运动项目。有朝一日，我们也可以创造出具有中国文化元素，体现中国文化特色的体育运动项目，类似于足球、篮球这样具有全球影响力，并与全世界人民一起分享。

第二节　一种下肢柔韧性测试项目——劈叉测试仪发明专利的研发

一、创意来源

下肢柔韧性，主要是指髋部、大腿、小腿和足的肌肉、韧带在髋、膝、踝等部位的伸展性，其中大腿和骨盆肌肉在髋关节处的伸展性最为重要。下肢柔韧性通过提高胯与大腿的活动范围，增大下肢的运动幅度，不仅使动作更加舒展优美，而且也增强了下肢周围肌肉的力量和速度。促进神经对起运动肌和对抗肌的协调，提高下肢骨骼肌的协调性，在体育能力和技术水平的提升起了很大的作用，也为核心力量的发展打下了良好的基础。影响人体下肢柔韧性好坏的主要因素有：①下肢骨的结构，构成下肢关节的关节面之间的面积差越大，下肢关节的灵活性就大，面积差越小下肢关节的灵活性则小；②下肢关节周围关节囊的紧密程度和韧带数量的多少,如果韧带紧并且多的,柔韧性就相对差;③腿部关节周围的肌肉和软组织的体积大,柔韧性就会受到限制。其中下肢骨的结构所构成的关节面是先天形成的,不易改变,而其他因素是可以通过训练来改进的。下肢柔韧性不仅受结构改变的影响,神经对下肢骨骼肌的调节也会影响柔韧性,尤其是在对抗肌放松、紧张的协调方面。当柔韧性改善后就可以加大下肢运动动作的幅度。下肢柔韧性的提高还可以使下肢运动的灵活性以及快速反应能力得到了提高,并增强人体参加体育运动后的恢复能力,减少常见的踝、膝、大小腿的肌肉痉挛、韧带损伤的发生。

在日常实践中,可以使用缓慢拉伸肌肉、肌腱及韧带等组织的方法来提高下肢柔韧性。我国现在体质标准针对柔韧性素质测量评价,主要通过坐位体前屈来检测获得数据。坐位体前屈主要测试脊柱、髋、大腿、小腿后部肌肉、韧带的柔韧性水平,无法合理反映下肢前后肌群的柔韧性。且测量中涉及影响可靠性的因素特别多,学生对测试的重视程度、体育能力、身体协调、局部关节的柔韧性乃至身高比例都会有不同的测量结果,坐位体前屈有显著的性别差异和等级差异。体育运动项目不同,对主要运动部位的柔韧性要求也不同,尤其是对下肢柔韧性的要求。目前采用得最多的测试方法是劈叉,劈叉涉及髋和大腿肌肉、韧带的柔韧性,是直接体现下肢柔韧性的方法之一,大多通过经验和目测是否能完全劈叉来判断受试者的下肢柔韧性。没有确切的测量标准和器械就无法获得具体的数据作为参考,因此,一种劈叉测试仪的发明创意就产生了。而且一种测试指标,采用同一种测试方法,甚至采用同一种仪器,但是仪器的组件略微不同就可以产生不同的专利,下面会具体说明。

二、背景技术

众所周知,柔韧素质是非常重要的一项身体素质,舞蹈、体操、杂技、武术等各项运动,对人们的柔韧素质都有非常高的要求。劈叉是提高下肢柔韧性非常重要的运动形式和练习方法。

人体在劈叉时,腿部能够下压的高度是测量人体柔韧性的一个可检测的指标,通常来讲,可以在人体劈叉到最大限度时,用直尺测量其裆部和地面之间的高度,这种方法虽然直观方便,但是并不雅观,人体本能排斥。

另外,人体在劈叉时,为了能够尽可能地接近地面,身体会不由自主地向前倾斜,实际上,这种倾斜也确实会使劈叉时更能接近地面,这种向前倾斜会带来运动代偿,导致测量数据的不准确,难以准确评估每个运动员的劈叉高度,也就不能有效比较每个运动员的柔韧性,需要限制这种倾斜,通常来讲,可以采用监督人员手动矫正等的方式来达到这一目的,但是这种方法也会导致动作不一致,且浪费人力。

中国专利号为ZL201520239801.3的专利公开了一种腿部拉伸健身器,包括主架、设于主架上的两个可旋转的踏板、设于踏板底部的可水平滑动的滑动装置和设于主架两侧的高度可调的握杆,主架上还设有感应装置和LED显示屏,两踏板通过旋转可以具有横劈叉和竖劈叉两种劈腿功能,感应装置的超声波距离感应装置通过感应踏板与感应器的距离,将处理后的数据(即腿部拉伸的距离大小)显示在LED显示屏上面。但是这种装置结构复杂,而且无法保证被测试者的劈叉动作符合规范,而不规范的动作又导致劈叉高度的不准确,无法表现被测试者的真实水平。

三、发明内容

本发明的目的是提供一种劈叉测试仪,其结构简单、测量准确、方便,且能保证被测者劈叉动作较为规范,防止运动代偿。

本发明的劈叉测试仪,包括底座,固定在底座上的竖直安装的密封管,密封管的端部套装有测量杆,密封管的另一端通过连接管固定有活塞套,活塞套套装有活塞杆,活塞杆的另一端设置有用于限制人体劈叉时身体位置的限位板,密封管、连接管和活塞套组成密封空间。

本发明的密封管的上端和底座的水平面齐平。测量杆或者活塞杆上设置有刻度。测量杆的端部安装有测量垫。限位板和活塞杆之间通过合页连接,限位板的板面和活塞杆之间成水平或垂直。底座上设置有滑槽,人体在劈叉时脚部沿着滑槽移动,限制人体劈叉的位置,保证每个人动作的一致性。滑槽内设置有沿着滑槽移动的滑块Ⅰ和滑块Ⅱ,滑块Ⅰ和滑块Ⅱ起引导和限制作用,引导脚部的移动，限制脚部移动超出规定的范围。滑块Ⅰ、滑块Ⅱ分别和底座的端部之间设置有弹簧，用于滑块Ⅰ和滑块Ⅱ的复位。底座上安装有凹槽，连接管包括设置在底座内上的连接管Ⅰ以及和底座竖直安装的连接管Ⅱ，连接管Ⅰ安装在凹槽内。滑槽的端部安装有挡板，防止滑块Ⅰ和滑块Ⅱ滑出滑槽外部。

本发明的有益效果为：本发明通过检测劈叉时人体裆部和地面的高度，评估不同人体的柔韧性。检测高度的办法不仅仅是直接测量裆部和地面的高度这一种办法，还可以检测活塞杆前进的距离，更加方便雅观。为了防止运动代偿现象的发生，被检测人员在检测时，限位板处于活动状态，一方面通过物理限制其身体的前倾，另一方面通过心理试压使其注意身体不要前倾，保证动作的标准一致。

具体实施方式

如图5-4、图5-5和图5-6所示，本发明包括底座1，固定在底座1上的竖直安装的密封管5，密封管5的端部套装有测量杆6，密封管5的另一端通过连接管固定有活塞套9，活塞套9套装有活塞杆10，活塞杆10的另一端设置有用于限制人体劈叉时身体位置的限位板11，密封管5、连接管和活塞套9组成密封空间。

在测量劈叉动作时的裆部和地面的高度时，人体站立于底座1上，裆部正对测量杆6，劈叉时，裆部向下压测量杆6，由于测量杆6和密封管5套接，测量杆6向下移动，挤压密封管5、连接管和活塞套9组成的密封空间，使得活塞杆10移动，和活塞杆10固定连接的限位板11向人体方向移动，限制人身体的倾斜，防止运动代偿。测量杆6下压的高度即活塞杆10移动的距离，测量人员用直尺测量任意一个的距离，即可以得到人体劈叉能力的数据，用于评价人体柔韧性。密封空间中填充的可以是空气，也可以是水、油等液体。

测量杆6在密封管5内的移动阻力大于测量杆6的重力，因此，没有外力推动的情况下，测量杆6可以停留在密封管5内的任何位置，方便测量测量杆6移动的距离。

密封管5的上端和底座1的水平面齐平，即使人体劈叉时裆部和底座1接触，也可以有效测量。

限位板11和底座1之间的高度处于合适位置，用于限制人前倾，或者通过改变限位板11本身的高度来限制人身体的位置。

被检测人员的身体和限位板11接触后，提醒被检测人员控制人体的前倾度，限制其前倾度。本发明的活塞杆10可以设计为伸缩型，当被检测人员的劈叉高度相差很大时，可以通过调节活塞杆10的长度来调节限位板11和人身体接触的大概距离，使其能够达到预定目标。

测量杆6或者活塞杆10上设置有刻度，检测人员不需要直尺，只需要读取数据就可以得到检测数值。

测量杆6的端部安装有测量垫61，测量垫61的横截面积比测量杆6大，表面柔软度比测量杆6好，一方面加大了测量杆6和裆部接触的宽度，另一方面也改善了用户使用度。

所述限位板11和活塞杆10之间通过合页12连接，限位板11的板面和活塞杆10之间成水平或垂直。在被检测人员测量竖劈时，限位板11和活塞杆10垂直，人体劈叉时，限位板11向前移动，限制身体位置，防止运动代偿。在被检测人员测量横劈时，限位板11和活塞杆10水平，如图5-6所示。人体劈叉时，限位板11向前移动，限制身体位置，防止运动代偿。本发明的限制，不仅仅指物理空间的直接接触，还包括限位板11移动带来的限位板11和人身体距离减少带来的心理限制。

底座1上设置有滑槽2，人体在劈叉时脚部沿着滑槽2移动，限制人体劈叉的位置，保证每个人动作的一致性。滑槽2表面的光滑度高，方便人体劈叉。

滑槽2内设置有沿着滑槽2移动的滑块Ⅰ4和滑块Ⅱ8，滑块Ⅰ4和滑块Ⅱ8起引导和限制作用，引导脚部的移动，限制脚部移动超出规定的范围。被检测人员的脚可以位于滑块Ⅰ4和滑块Ⅱ8上，也可以位于滑块Ⅰ4和滑块Ⅱ8的侧端。

滑块Ⅰ4、滑块Ⅱ8分别和底座1的端部之间设置有弹簧，用于滑块Ⅰ4和滑块Ⅱ8的复位。

底座1上安装有凹槽3，连接管包括设置在底座1内上的连接管Ⅰ71以及和底座1竖直安装的连接管Ⅱ72，连接管Ⅰ71安装在凹槽3内。凹槽3可以密封，也可以不密封。

滑槽2的端部安装有挡板41，防止滑块Ⅰ4和滑块Ⅱ8滑出滑槽2外部。

本发明的竖直安装，不仅仅指两者成90°，还包括大体上向竖直方向延伸的角度，比如45~90°。

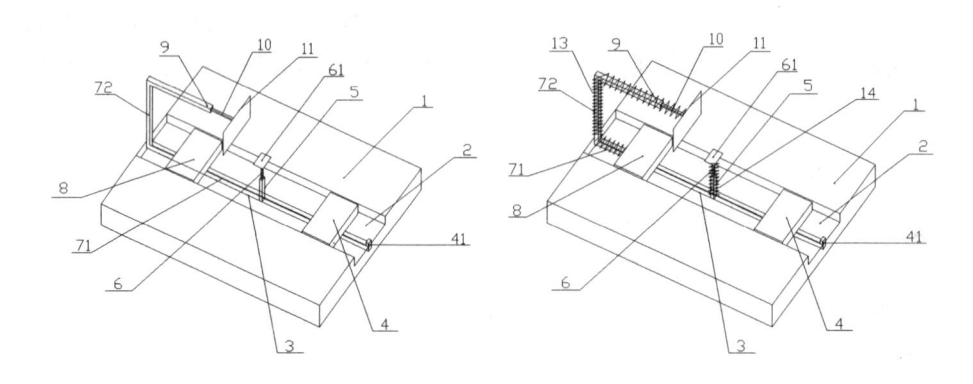

图5-4

图5-5   图5-6

附图说明

图5-4为本发明的结构示意图。图5-5为本发明限位板的垂直方向的结构示意图。图5-6为本发明限位板的水平方向的结构示意图。在图中，1底座、2滑槽、3凹槽、4滑块Ⅰ、41挡板、5密封管、6测量杆、61测量垫、71连接管Ⅰ、72连接管Ⅱ、8滑块Ⅱ、9活塞套、10活塞杆、11限位板、12合页。

第三节 果蝇运动装置发明专利的研发

在运动科学的实验室研究中，常见的动物实验包括哺乳动物（狗、兔、鼠等）、斑马鱼和果蝇等。果蝇是非常好的模式生物，应用于运动科学的研究已经获得了一系列的研究成果，其中运动的关键设备就是果蝇的运动装置，在实验研究中为解决果蝇运动的实践问题，通过几轮更迭的开发研究，使得运动装置能满足日常研究需要。

所有的果蝇运动装置的开发，都是在实验探索过程中，为了能够使实验更顺利地开展完成而进行的。教师指导学生不断尝试，把每一个方案从不成熟的想法逐步完善到具有一定的科学性；教师提供实验内容、实验条件和实验经费，帮助学生把想法变成一个可以实行的方案，教师再指导学生按照申请专利的规范要求完成专利的申报，不断地促使学生去思考、去探索、去实践，使得专利设计不断更新，形成创新的源头活水。

一、一种测量果蝇运动能力的方法

技术领域：本发明涉及一种动物抗衰老运动模型建立的方法，特别涉及一种测量果蝇运动能力的方法。

背景技术：出于对人类自身衰老方面的关注，衰老学的研究目前已经成为生命科学研究的热点领域。作为一种有效的抗衰老途径，运动抗衰老及其作用机制的研究具有十分诱人的前景。由于诸多实验条件、运动效应不适于直接实施于人体本身，科研工作者往往需要借助某些实验动物，通过构建动物抗衰老模型来探究运动与衰老的机理。其中与人类亲缘相近的啮齿类动物大鼠和小鼠成为运动训练中最常用的实验对象。但是随着分子生物学的不断发展和衰老学研究领域的不断深入，啮齿类动物本身较长的生命周期和复杂的遗传背景使运动抗衰老分子机制的研究，如抗衰老基因耗时较长而且效率偏低。近年，研究人员开始尝试引入新的实验动物进行更为有效的衰老分子机理的研究。果蝇作为模式生物，具有寿命短、繁殖高、后代群体大、表型及突变体丰富、遗传背景清晰等优势，虽然在遗传学相关科研领域果蝇发挥着极其重要的作用，但在运动训练领域其一直未见很好的开发。从上世纪开始，果蝇逆重力攀爬能力开始广泛应用，与攀爬能力检测相关的系统也在不断地研发，但促使果蝇逆重力攀爬所采用的方法是由人工控制，使果蝇震落至容器底部的力度难以达到均一，缺乏标准化使研究结果重复性不高。

发明内容：为了更好地观察果蝇运动，系统地通过果蝇逆重力攀爬运动来研究人类的抗衰老理论，克服现有技术中存在的果蝇震落至容器底部的力度难以达到均一、缺乏标准化使研究结果重复性不高等问题，提供一种新的测量果蝇运动能力方法，专门用于利用果蝇的逆重力攀爬特性，对果蝇的运动进行研究，为人类抗衰老研究提供借鉴。

本发明是按照如下技术方案实现的一种测量果蝇运动能力的方法，包括如下步骤：将果蝇装入容器，使盛装有果蝇的容器按照一定的频率做上下运动，提升容器到某一高度，然后使容器做自由落体运动。在容器上标注高度刻度，在容器按照一定频率上下运动一段时间后，记录不同高度阶段果蝇的数量。

上述的测量果蝇运动能力的方法，其中所述的容器为透明的容器，容器按照一定频率上下运动的持续时间为一分钟。频率为每分钟容器上下运动一次。

上述的测量果蝇运动能力的方法，其中所述的容器上下运动的高度可以调节。采用本发明的方法，则通过容器的上下运动，使果蝇根据其逆重力攀爬特性进行运动，运动时间与频率都是可控的。可使果蝇从相同的某一高度做自由落体运动，震落至容器底部的力度保持一致，可实现果蝇运动能力的标准化测量，通过记录不同运动区域的果蝇数量，计算出果蝇逆重力攀爬指数，从而得出生存曲线，并根据果蝇衰老过程中伴随运动能力的下降，通过测量攀爬指数随增龄的变化建立理想的果蝇抗衰老运动模型，而且观测直观，能大规模、方便快捷地探究衰老相关的果蝇运动能力的变化，研究运动抗衰老分子机理。

二、一种训练果蝇运动的方法

技术领域：本发明涉及心脏衰老研究领域，特别是指一种训练果蝇运动的方法。

背景技术：面对世界人口老年化趋势日益严重的现状，延缓衰老成为全世界都十分关注的课题。心脏是生命的核心器官，心脏泵功能的优劣是人体健康水平的重要标志。心泵功能的强弱是人体体能和运动能力的重要基础。运动能使心脏泵血功能，即心肌收缩性能和前负荷、后负荷及心率发生变化。长期运动会使心肌收缩力量增强、心壁厚度变化幅度加大、射血分数保持不变或轻度加大以达到最适宜的前负荷。这时的心脏表现为安静时每搏量增大、心率减慢，从而降低心肌耗氧量，改善心脏功能。另外，长期运动使机体氧利用率提高、血液循环的效率提高，心率储备增加，使心脏表现出良好的泵血能力。因此，作为一种有效的抗衰老途径，运动抗衰老及其作用机制的研究具有十分诱人的前景。

由于诸多实验条件、运动效应不适于直接实施于人体本身，科研工作者往往需要借助某些实验动物，通过构建动物抗衰老模型来探究运动与衰老的机理。其中与人类亲缘相近的啮齿类动物——大鼠和小鼠成为运动训练中最常用的实验对象。但是随着分子生物学的不断发展和衰老学研究领域的不断深入，啮齿类动物本身较长的生命周期和复杂的遗传背景使运动抗衰老分子机制的研究如抗衰老基因耗时较长而且效率偏低。近年，研究人员开始尝试引入新的实验动物，进行更为有效的衰老分子机理的研究。

果蝇是唯一具有心脏的无脊椎动物，且心脏组织分化精细，是研究心脏遗传与发育基因调控的理想模式动物。由于果蝇具有寿命短、繁殖高、表型及突变体丰富、遗传背景清晰的特点，且转基因技术成熟，以果蝇为模型进行心脏衰老的研究有明显优势。近年研究表明，果蝇可作为研究更高种属心脏的非自律结构调节心脏节律、心肌收缩的模型，抗氧化酶突变果蝇心脏功能衰退与果蝇生命后期心脏功能表型相似。这些研究进展为果蝇作为研究脊椎动物乃至人类心脏衰老的模式动物提供了有力证据。虽然果蝇在遗传学相关科研领域发挥着极其重要的作用，但在运动训练领域，尤其是心脏衰老研究领域一直鲜有相关报道。

而且，在其他领域现有的以果蝇为模式生物评价运动性能的方法存在不足，比如目前利用逆重力攀爬特性实施果蝇运动干预的方法，通常利用升降的平台装置进行自由落体运动，果蝇逆重力攀爬到容器顶部时，控制容器作自由落体运动，将果蝇震落至瓶底使果蝇再次逆重力从瓶底攀爬至瓶顶从而实现果蝇的定向运动，但震落时因惊吓使果蝇应激明显，且容易造成翅膀损伤而使实验条件难以控制，使其运动后的身体指标受到影响，最终影响到评估的准确性。

发明内容：有鉴于此，本发明的目的在于提出一种训练果蝇运动的方法，以克服现有技术中存在的实验结果可信度低、评估准确性差的技术问题。基于上述目的，本发明提供的一种训练果蝇运动的方法，包括以下步骤：将果蝇随机分为轻龄安静组、老龄安静组和老龄运动组，将老龄运动组的果蝇置于果蝇运动装置内进行运动训练，每周连续运动一天，每天运动一小时，分别检测三组果蝇的心脏功能指标。果蝇运动装置包括驱动机构、传动轴、大齿轮、若干个小齿轮、第一支承板和第二支承板。驱动机构通过联轴器与传动轴相连，传动轴还与大齿轮的中轴连接，大齿轮周边分布有若干个与该大齿轮相互啮合的小齿轮。第一支承板和第二支承板之间设置有若干个旋转管，第一支承板上开有若干个第一穿孔，旋转管的一端穿过第一穿孔，并固定连接至小齿轮第二支承板上开有若干个第二穿孔，旋转管的另一端与第二穿孔活动连接旋转管内有用于卧放试管的中空结构。驱动机构用于通过联轴器和传动轴带动大齿轮转动，小齿轮随之转动，进而带动旋转管转动。第一支承板的第一穿孔上安装有第一轴承，第一穿孔通过第一轴承与旋转管活动连接第二支承板的第二穿孔上安装有第二轴承，第二穿孔通过第二轴承与旋转管活动连接。装置还包括用于支承传动轴的支承座，支承座上设有卡环，传动轴套入卡环中，并通过第三轴承与卡环活动连接。装置还包括支承定位座和定位销，第一支承板和第二支承板通过定位销分别固定在定位座上拔下定位销后，第一支承板和第二支承板能够转动。装置还包括定心座和定心销，第二支承板通过定心销固定于定心座上，第二支承板能够以定位座作为支撑，以定心销作为中心旋转。旋转管的壁上开有用于放入和或取出试管的缺口，缺口的对面开有若干条透光槽缺口被若干个隔断隔开，相邻的隔断内各卧放有一个试管。透明管状容器的转动频率是1秒。老龄运动组果蝇每周连续运动天，每天运动小时。可选地，步骤使用一心动图检测三组果蝇的心脏功能指标，心脏功能指标包括心率、心动周期、舒张间期、收缩间期、心脏舒张直径、收缩直径、心脏缩短分数、心脏心律不齐指数、纤维性颤动。

从上面可以看出，采用本发明提供的训练方法以及本发明提供的运动装置，运动后的老龄果蝇心率减慢，心率储备增加，舒张间期增加，可使心脏充盈的时间增加，有利于心脏的泵血功能。运动后衰老心脏纤维性颤动的发生显著减少，表现长期运动对心脏功能的良好影响。该方法可以克服震落时因惊吓使果蝇应激明显，且容易造成翅膀损伤而使实验条件难以控制的技术问题，得到的实验结果可信度高、评估准确性高。因此，采用该训练方法以及该运动装置建立研究运动抗心脏功能增龄衰退模型的方法可行，能够较好地模拟运动干预对哺乳动物及人类心脏功能的影响，为进一步研究运动抗衰老提供了依据。

三、一种训练果蝇运动的装置

技术领域：本发明涉及生物实验器械技术领域，特别是指一种训练果蝇运动的装置。

背景技术：果蝇作为一种模式生物，在遗传与发育学研究领域中发挥着极其重要的作用，但在运动训练领域其一直未见很好地开发。20世纪90年代开始，果蝇逆重力攀爬特性开始应用于实验中，主要用于攀爬能力方面的检测。近些年，这一本能特性开始在运动训练方面用于运动训练平台装置的研制，突破了因为不能对果蝇实施可控运动干预而难以将果蝇作为实验模型应用于运动科学领域研究的瓶颈。

果蝇具有天生的向上运动对重力的负趋地性，表现为沿着垂直表面向上爬行，这一行为的原理是果蝇触须上接收机械刺激的结构在重力作用下发生偏斜。由于果蝇的机械感觉装置在触须的第二和第三节之间通过类似铰链的结构相连而处于悬浮状态，当果蝇向上或向下运动时，触须可向前和向后偏斜来感受运动的变化，并且果蝇偏好行走或者栖息在垂直的物体上，可能是一种避免被捕食战略，这一原理可能是果蝇感知重力的变化并负趋地性的原因。果蝇具有趋光性，总是朝着有光的一侧聚集。除此以外，视动反应也影响果蝇的运动行为，视动反应为视觉刺激诱发的运动行为，果蝇的视动反应表现为朝着光亮强度不同的移动条纹图案的相反方向运动。

目前采用逆重力攀爬特性实施果蝇运动干预的运动装置，是利用升起的平台装置进行自由落体运动，果蝇逆重力攀爬到容器顶部时，控制容器作自由落体运动，将果蝇震落至培养瓶底，使果蝇再次逆重力从瓶底攀爬至瓶顶从而实现果蝇的定向运动。但震落时因惊吓使果蝇应激明显，且容易造成翅膀损伤而使实验条件难以控制，因而该运动装置还需要进行改进。

发明内容：有鉴于此，本发明的目的在于提出一种训练果蝇运动的装置，以联合利用果蝇的趋光性、负趋地性和视动反应生理特性。基于上述目的，本发明提供的训练果蝇运动的装置包括驱动机构、传动轴、大齿轮、若干个小齿轮、第一支承板和第二支承板，驱动机构通过联轴器与传动轴相连，传动轴还与大齿轮的中轴连接，大齿轮周边分布有若干个与该大齿轮相互啮合的小齿轮，第一支承板和第二支承板之间设置有若干个旋转管，第一支承板上开有若干个第一穿孔，旋转管的一端穿过第一穿孔，并固定连接至小齿轮，第二支承板上开有若干个第二穿孔，旋转管的另一端与第二穿孔活动连接，旋转管内有用于卧放试管的中空结构，驱动机构用于通过联轴器和传动轴带动大齿轮转动，小之转动，进而带动旋转管转动。第一支承板的第一穿孔上安装有第一轴承，第一穿孔通过第一轴承与旋转管活动连接第二支承板的第二穿孔上安装有第二轴承，第二穿孔通过第二轴承与旋转管活动连接。本装置还包括用于支承传动轴的支承座，支承座上设有卡环，传动轴套入卡环中，并通过第三轴承与卡环活动连接。本装置还包括支承定位座和定位销，第一支承板和第二支承板通过定位销分别固定在定位座上拔下定位销后，第一支承板和第二支承板能够转动。较佳地，装置还包括定心座和定心销，第二支承板通过定心销固定于定心座上，第二支承板能够以定位座作为支撑，以定心销作为中心旋转。旋转管的壁上开有用于放入和或取出试管的缺口，缺口的对面开有若干条透光槽。缺口为半圆型，在该缺口的对面均匀的开有若干条沿着旋转管轴向开设的透光槽。缺口被若干个隔断隔开，相邻的隔断内各卧放有一个试管。旋转管内还设置有用于固定试管的弹力装置，用于使试管随着旋转管一起转动。旋转管的正上方设置有光源。从上面可以看出，本发明提供的训练果蝇运动的装置，可以用于利用果蝇的趋光性、负趋地性和视动反应等内在天生特性，实现不同运动强度、运动时间果蝇的大规模可控运动干预研究。为不同基因型、不同表型、不同身体状况疾病模型或衰老模型果蝇的运动干预效果及分子机理的研究提供运动器械支持。通过驱动机构带动齿轮转动，进而带动旋转管转动，使得旋转管内的试管随之转动，果蝇能够在试管内做负趋地性爬行。根据果蝇的趋光性，旋转管的正上方设置有光源。试管的管壁上设置有与轴向平行的黑白相间的条纹，白色部分可透光，黑色部分不透光，用于在转动时形成光栅，诱发果蝇产生视动反应而产生逆旋转方向的攀爬运动。这三种特性可以进行整合作为驱使果蝇进行运动的驱动力，本发明提供的装置实现了果蝇大规模可控运动，避免了现有运动旋转装置需要器械做自由落体运动将果蝇震落而产生的应激和翅膀的损伤对实验结果产生的影响，使果蝇在自然状态下进行可控的定向攀爬运动。

四、一种果蝇运动平台装置

技术领域：本发明涉及生物实验器械领域，具体是一种果蝇运动平台装置。

背景技术：果蝇作为一种模式生物，在遗传与发育学研究领域中发挥着极其重要的作用，但在运动训练领域其一直未见很好地开发。20世纪90年代开始，果蝇逆重力攀爬特性开始广泛应用于实验中，主要用于攀爬能力方面的检测。果蝇具有天生的向上运动对重力的负趋地性，表现为沿着垂直表面向上爬行，其能够感知重力的变化并负趋地性。近些年，这一本能特性开始在运动训练方面用于运动训练平台装置的研制，突破了因为不能对果蝇实施可控运动干预而难以将果蝇作为实验模型应用于运动科学领域研究的瓶颈，但现有的果蝇运动训练平台装置在运行时，容易对果蝇造成损伤。

发明内容：本发明要解决的技术问题是现有的果蝇运动训练平台装置在运行时，容易对果蝇造成损伤，为了解决该问题，本发明提供一种果蝇运动平台装置，其运行时，不容易对果蝇造成损伤。

上固定安装转盘，转盘上开设安装槽，安装槽内竖直放置试管。在驱动装置的一侧设置控制装置，控制装置与驱动装置连接。控制装置上设置控制按钮触摸控制屏。驱动装置与控制装置之间设置连接板。驱动装置上设置支撑架，输出轴通过轴承安装在支撑架上。输出轴的上部设置连接杆，连接杆的直径或宽度小于输出轴的直径，转盘上开孔，连接杆位于孔内，连接杆上螺接锁紧螺母，转盘的两侧分别与锁紧螺母和输出轴相触。转盘上设置试管固定装置，试管固定装置能够将试管固定在安装槽内。试管固定装置为螺杆，转盘的侧面开设与安装槽相通的螺孔，螺杆配合安装在螺孔内，螺杆的一端与试管的外壁相触，安装槽和试管均为多个。本实用新型的有益效果是，本发明对果蝇运动训练研究前，将装好果蝇的试管竖直放置在安装槽内，开启驱动装置，使得输出轴按设置好的运动方式旋转，旋转的输出轴带着转盘转动，装着果蝇的试管随转盘转动。果蝇随试管转动时，对果蝇施加的离心力就相当于果蝇背负的重物。转盘停止转动后，取下试管后，可对果蝇在负重状态下攀爬后的状况进行研究。果蝇逆重爬行受到力的大小，可通过改变输出轴的转速进行调节。本发明在运动时，果蝇在负重状态下逆重力攀爬运动，果蝇不会有损伤。

参考文献：

[1]郑澜，王小月，吴越等.一种测量果蝇运动能力的方法[P].湖南：CN102499186A，2012-06-20.

[2]郑澜，吴越，王小月等.一种果蝇运动平台装置[P].湖南：CN202663951U，2013-01-16.

[3]郑澜，夏晓璇，陈珏君.一种训练果蝇运动的方法[P].湖南：CN104322462A，2015-02-04.

[4]郑澜，王卉，张民.一种训练果蝇运动的装置[P].湖南：CN104472392A，2015-04-01.

[5]郑澜，奉悦，倪柳.一种干预果蝇运动的装置[P].湖南：CN204272901U，2015-04-22.

[6]郑澜，汤长发，李金秀等.一种果蝇运动平台装置[P].湖南省：CN212937453U，2021-04-13.

[7]郑澜，汤长发，李秋芳等.一种果蝇运动监测平台[P].湖南省：CN212937454U，2021-04-13.

[8]郑澜，汤长发，李秋芳等.一种果蝇组织包埋定位装置[P].湖南省：CN213275086U，2021-05-25.

第六章 体育学创新平台的构建与实现

第一节 体育学创新平台的构建历程

学生要具备创新意识,发展创新能力,提高创新素养,实现实质的创新,获得创新成果,都离不开创新实践。而创新实践离不开创新平台的构建,要把创新转化为内驱力根植于学校的各种平台之中,学生的新想法才能发芽、成长,产出创新成果。从学校的角度,学校的主要任务就是人才的培养,教育教学是学校的本质属性,高校也不例外,同样具有这样的属性。为了培养学生的创新意识、创新能力、创新素养,高校以教学和科研创新为主要的内驱力,因此逐步形成教学驱动型平台和科研驱动型平台。教学驱动型平台,包括各级实验教学示范中心、大学生(研究生)创新训练中心(创新实践基地)、创业教育和创业实践基地等。实际上还应包括目前五类金课(线上一流课程、线下一流课程、线上线下混合式一流课程、虚拟仿真实验教学一流课程、社会实践一流课程)平台。科研驱动型平台包括各级研究基地(所、院、中心)、重点实验室、工程实验室(中心)、创新中心,等等。当前高校层次区分的核心指标是科学研究,不同高校科研水平的差异往往表现在科学研究平台的差异上,良好的科研平台可以为学生提供高水平科学研究体验、获得高质量的科学研究成果,进而推动高校的社会服务与文化引领功能的实现。

平台的建设是一个系统工程,不是一个人一朝一夕能够完成的,在建设的过程中,需要的是勇于承担,不断尝试创新的实干精神,平台的建设需要不断凝练。湖南师范大学承岳麓书院文脉、显湖南高等师范学校之雏形,脱胎于国立师范学院,到中华人民共和国成立后,体育学实验中心的建设从1957

年3—9月，人体解剖、人体生理两实验室筹建开始进入了实质化的起步阶段。1957年3月王步标老师至广州中山医学院购回尸体3具，4—5月购置储尸槽一只，解剖桌2张。6—7月王步标至上海购买生理实验仪器，一般由学生动手操作的仪器按8~10套（2~3人一套）配置，示教仪器按一套配置。同时接收原长沙师专生物科显微镜20余台及部分人体模型，这些显微镜仍然陈列在体育学实验中心的生物显微镜室。1959年冬，实验室由长沙师专老教学楼搬至原长沙师专图书馆一楼东头（现已经全部纳入湖南师范大学），计有人体解剖实验室一间，人体生理实验室二间，仪器保管室一间，教研室一间。1960年，生理室购进一批高档设备，包括心电图机、血氧自动分析仪、自行车功量计、电动天平，这些产品均系"大跃进"时期的产品，因质量不过关，2—3年后即报废。1961年12月，实验室老师首次赴校外参加学术活动，王步标老师撰写的《湖南东南部地区中学生身体发育调查研究报告》摘要刊登在中华医学会湖南分会论文汇编上。1962年上学期，湖南师院体育系在院的领导下举行第一次教师职称评定，王步标、宋佩珍老师，均被评定为讲师。1964年11月全国第一届体育科学报告会在北京举行。王步标老师与时任系主任谭植棠到京与会。此次学术会议，实验室共入选论文5篇，均为王步标执笔撰写（其中有三篇系与湖南医学院运动医学科王武韶等人合作）。5篇论文中，《长沙市中学生身体素质发展的调查研究》一文，在会中宣读，全文刊登在《1964年全国体育科学报告会论文选集》（第一集），该书由人民体育出版社出版。当时的体育报在一篇报道该大会的专文中曾对王步标讲师的工作作了评价性介绍。1973年开始从事"运动创伤膏"处方的研究和实验室验证，同时探索更方便使用剂型。1974年与衡阳卫生材料厂合作研制运动创伤膏。该产品于1978年8月完成产品试制和临床实验，并正式定名为运动创伤膏，1979年获湖南科学大会审查并授予重大科研成果奖，80年由衡阳轻工局和卫生局联合组织鉴定，1981年经省医药管理局批准，正式生产，产品先后获省优秀产品品质奖，国家医药管理局银质奖（1985年）。1979年、1981年、1982年，受教育部委托，举办第一届一年制、全国运动生理教师进修班、讲习班。1980年，受教育部委托，承担全国高师体育专业人体生理学、运动生理学教学大纲讨论会。1983年，由我实验室组织印刷的高师体育系运动生理学教材出版，印刷万余册，在全国近40所体育系科院试用。1985年6月，运动生理学科被批准为我省第一批省属重点学科（第一批湖南省共批准重点学科7个）。1985年9月，第一届研究生及研究生班入学。1987年、1988年，招收运动生理助教进修班。1987年底，研究课题青少年体质（生理部分）的纵向研究讨论获国家自然科学基金支持，经费2万元，1990年获追加1万元共3万元，为湖南师范大学第一项国家自然科学基金。1989年，高师体育专业生理学课程建设获国家优秀教学成果奖，获奖人：王步标、曾凡弟、肖泽亮。1991年，经国家教委批准，王步标教授以"人体运动学"专题访问组名义率肖志奇副教授、宋启来讲师赴美在密西西比大学"运动科学与娱乐管理系"访问两个月。1992年7月美国密西西比健康、体育教育及娱乐系教授E.R.Anderson携夫人回访并参观实验室，开始了国际交流。1992年，《运动生理学》教材获当时的国家教委优秀教材二等奖。1992年，国家自然基金课题研究完成，其成果之一《湖南男子8~18岁学生最大吸氧量》，参加了第四届体育科学报告会，全文在1997年发表于《体育科学》。《人体生理学》教材1993年由高教社出版。1995年，《人体生理学》获国家教委第二届优秀教材二等奖。1998年，实验室史绍蓉教授任理论知识竞赛总指导，竞赛班主任、解剖学教学指导参加首届全国体育教育专业大学生基本功大赛理论知识类获一等奖。从2002年开始，在史绍蓉、陈嘉勤、刘祥梅、汤长发、郑澜等教授的带领下，完成了一系列的实验课程改革。从独立设置实验课程到独立设置创新实验课程开始，实验室课程体系改革在创新中不断前行；2004年11月，运动人体实验室通过省教育厅专家示范实验室中期评估。2004年通过财政部专家"中央与地方共建实验室"的投资评估，2005年成为"湖南省高校基础课示范实验室"。2008年9月经学校批准更名为"运动人体科学实验中心"。2011年4月，为拓展科学研究与创新实验平台，经学校批准正式更名为"体育学实验中心"。2011年10月由湖南省科技厅批准组建"体适能与运动康复湖南省重点实验室"。2012年6月，与湖南省体育局在产、学、研、用等方面合作构建协同创新平台，获批建立"湖南省运动科学研究生培养创新基地"，此后又分别在2018年、2019年获得两个研究生培养创新平台建设；2012年我校生命科学学院、教育科学学院、医学院合作获批"湖南省生命科学大学生创新训练中心"。2014年获批"体育学国家级实验教学示范中心"。2017年湖南师范大学吸毒戒断运动康复产学研合作示范基地；2020年湖南师范大学运动健康校企合作创新创业教育基地，2020年《健身运动处方综合设计性虚拟仿真实验》和《运动生理学》分别认定为虚拟仿真实验教学一流课程和线上一流课程。以上一个个平台的创立为体育学创新教育夯实了基础，拥有了扎实的创新平台才会涌现出更多的创新成果。

第二节　教学驱动型创新平台

在最近十年中，体育学实验中心在郑澜教授的带领下，充分地把握了每一次机遇，获得了丰硕的成果，2014年获批建设国家级实验教学示范中心，从2012年到2019年分别获批了3个省级研究生培养创新基地，并且与生物学国家级实验教学示范中心共建了大学生生命科学创新基地，2019、2020年分别获批省级创新创业培养基地。

实验中心坚持"以人为本，融知识传授、能力培养、综合素质提高与运动实践、创新为一体"的实验教学理念；建立了"五性、五结合与五改革"的实验教学模式，即实验教学突出"自主性、开放性、合作性、实践性与创新性"，实验内容与方法突出"基础与前沿、经典与现代、模拟与实训、课内与课外、实验教学与运动实践创新相结合"，以及"改革实验教学体系、实验课程结构、实验教学方法、实验考核手段与管理运行机制"；确定了"构建多学科基地平台，以实验项目为载体，强化课程、重视综合训练，深化行业特色与突出自主创新"的实验教学改革思路。

一、实验教学体系

实验中心2002年开始对运动人体科学专业实验课程的设置进行评估、调研，2004年将运动人体科学专业的18门实验课按照学年度进行简单组合，从理论课程中独立出来组成实验（一）、（二）、（三）、（四），试行"独立设课与考核"。2007年3月，开始第二轮实验教学改革，创新构建的"立体交叉式自主创新型实验教学体系"，经专家论证、学院与学校批准后，在体育学院四个专业

(一) 实验教学体系的整体设计

立体交叉式自主创新型实验教学体系的整体设计方案为"135,235",即全方位、多层次地构建了"一个核心、三个平台与五个环节"的"135"人才培养体系;以及通过集约式整合,将原有的18门实验课程组合为"两类课程、三个模块与五个层次"的"235"实验课程体系(图6-1)。

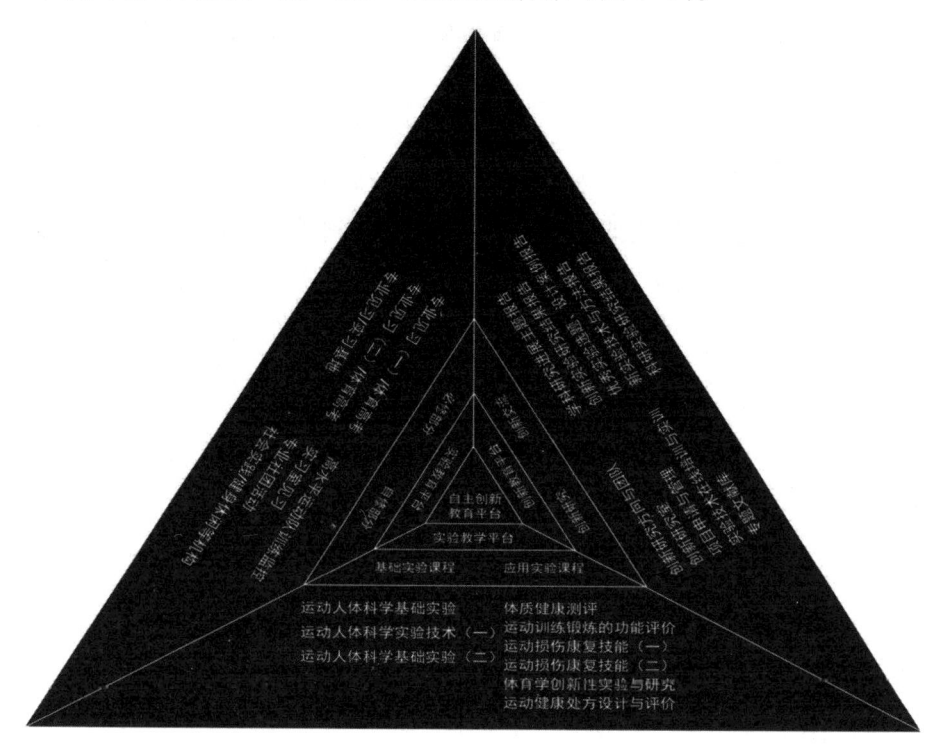

图6-1 实验课程体系图

(二) "135" 自主创新人才培养体系

实验中心坚持以"大生命科学"的先进理念为引导,依托学校体育学、生物学、医学与心理学等生命学科背景为支撑,构建了"135"人才培养体系。即以"自主创新"为核心,建设"实验教学、创新教育与实践教育"三个自主创新教育平台,通过"学习、训练、创新、实践与交流"等五个循环往复、相互交融的环节,实现自主创新型体育学人才的培养(见图6-2)。

```
创新人才培养体系 → 一个核心：以"自主创新"为核心。
              → 三个平台：指自主创新教育体系由"实验教学平台、创新教育平台与实践教育平台"组成。
              → 五个环节：指自主创新人才的培养由"学习、训练、创新、实践与交流"等五个循环往复、相互交融的环节构成。
```

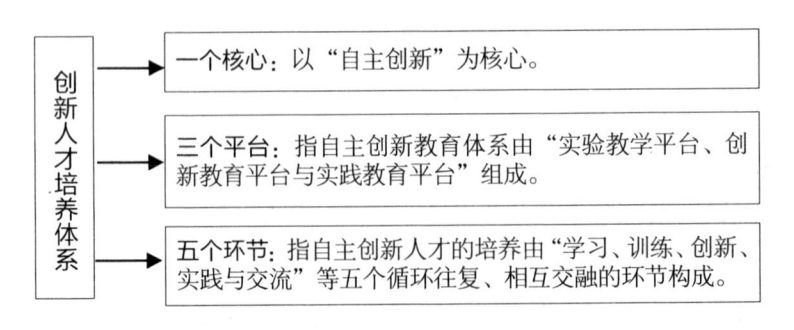

图6-2 "135"自主创新人才培养体系的构成

根据生命科学知识性强、技术方法先进，以及体育学知识实践性强、实用性高的特点，将"突出健康与竞技自主创新"确定为中心实验教学与实验室建设的特色。中心构建了实验教学平台、创新教育平台、实践教育平台，建立了创新教育机制与创新研究团队等一系列保障体制，以保障实验教学与创新教育相结合，与运动实践相结合。以"三性实验"和"大学生创新实验"及专业实践与学生社团活动作为载体，注重过程教育，通过项目合作研究，拉动人才培养，引导大学生走向创新研究领域，进行自主选题、自主设计与自主实施，实现实验人才的培养与社会需求的"无缝对接"，提升资源共享的人才培养价值，取得显著成效。

1. 实验教学平台

采用生命科学领域中研究人体器官系统、组织、细胞与亚细胞结构与功能的各种基础与先进的实验技术与方法，中心建立了运动蛋白质组学、运动心肺功能、运动生物化学、运动分子生物学、运动细胞生物学、电生理学、体质健康测评、运动康复、运动生物力学、运动心理学等实验技术平台，高水平地实现了运动训练的科学监控、不同人群体质健康的规范化与系统化监测、运动康复等体育学实验室的功能。

2. 创新教育平台

创新教育平台的构建必须建立"大学科"理念，利用综合性院校的学科优势。依托学校体育学院、生命科学学院、医学院与教育科学学院四个"大生命科学"平台的1个国家级、4个省级重点学科与4个实验中心、18个研究室，构建支持生命科学大学生创新训练中心体育学院，凭借运动人体科学、体育教学、运动训练与社会体育学四个"大体育科学"平台的国家级特色专业和体育学一级硕士点、体育学一级博士点和博士后流动站、省级重点学科、省级重点实验室、省部级专业培训与重点研究基地的支撑，实现资源共享、学科交融、纵横贯通、点面结合的大学科优势，高效率、高层次地搭建创新实验教育平台。

3. 创新教育机制

实验中心建立创新研究方向与团队、创新研究工作室、大学生创新实验项目申报与管理机制、实验室主题报告制度等一系列配套体系与机制（图6-3），以切实保障大学生在完成开放、创新实验项目的选题、设计与实验过程中，有专人指导、团队支持、技术支撑、交流平台与一定经费支持。

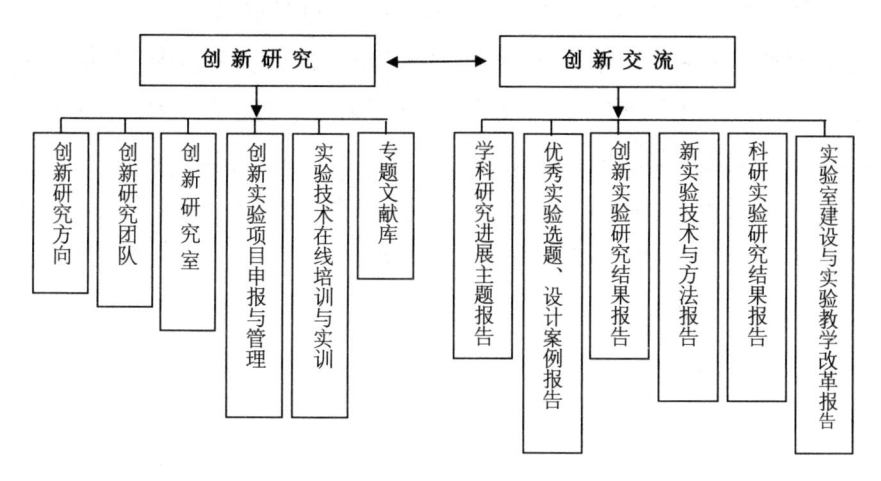

图6-3 创新研究与交流机制的构成

4. 创新研究方向及其团队

在实验室发展的过程中逐步形成了心血管生理与低氧训练适应性机制研究及其团队、体育锻炼与体质健康及其团队、运动营养与康复及其团队、中医药食与功法健身效果及机理研究及其团队、体育测量方法及测量仪器的研发及其团队、运动竞赛虚拟裁判学习系统的研发及其团队、在线心理咨询研究与开发及其团队。

5. 大学生创新性实验项目申报机制

大学生创新实验项目实行国家、省、学校与学院四级申报机制。学校与实验中心制定了大学生创新性实验项目的管理制度与评价方法。

6. 创新实践教育平台

大学生的科学思维素质、实验技术与技能、开拓创新能力需要在实践中学习，在创新研究与实践应用中进行检验、强化与升华才能形成与获得，自主创新人才必须经过系统培养与训练才能实现。实验中心与学科结合，设计了专业必修与自选实践两个环节，为学生提供应用知识、检测能力、发现问题与解决问题的实践教育平台。实验中心利用综合性大学的学科与科研优势，师范大学的教育资源优势，依托体育学院国家级本科特色专业，教育部体育与艺术师资培养培训基地等国家、省部级基地，以及湖南省体育医院、湖南省人民医院、长沙市四医院等实训基地的强有力支撑，将学科建设、专业建设、实训基地建设有机结合，为达到自主创新人才的综合训练提供平台。

实践必修：分为专业见习与专业实习，主要安排运动人体科学专业的学生。

（1）专业见习是在省体育高考期间，分两次安排运动人体科学专业学生为考生提供运动按摩与心理咨询服务。

（2）专业实习在湖南省体育医院、长沙市第四医院、华中科技大学梨园医院、湖南省人民医院等省内外专业实习基地。

实践自选：各专业学生的自选实践由四部分组成。

（1）高水平运动队运动训练监测：学校教育部高水平运动队运动员的训练监测；湖南省体育局所属的9个运动训练中心运动员训练的监测。

（2）实验室见习。建立了实验室见习制度，鼓励学生参加实验室管理与辅助实验教学工作。

（3）专业社团活动：老年人保健协会，瑜伽、健美操协会等。

（4）社会实践（长沙市健身、休闲等机构的体育指导员、教练员）等，实验中心配备专人指导，并提供相应的支持。

二、创新实验教学体系构成

实验课程紧扣"健康第一"的主题思想，构建了"两类课程、三个模块与五个层次"的"235"实验课程体系。通过对原有运动解剖学、运动生理学、运动按摩、诊断学、人体测量学等18门实验课程进行集约式整合，重组为基础与应用实验课程两大类，构成"专业必修、专业限选与校选实验课程"三个模块，按照"基础、演示、综合、设计与创新性实验"等五个层次进行项目设计（如图6-4）。

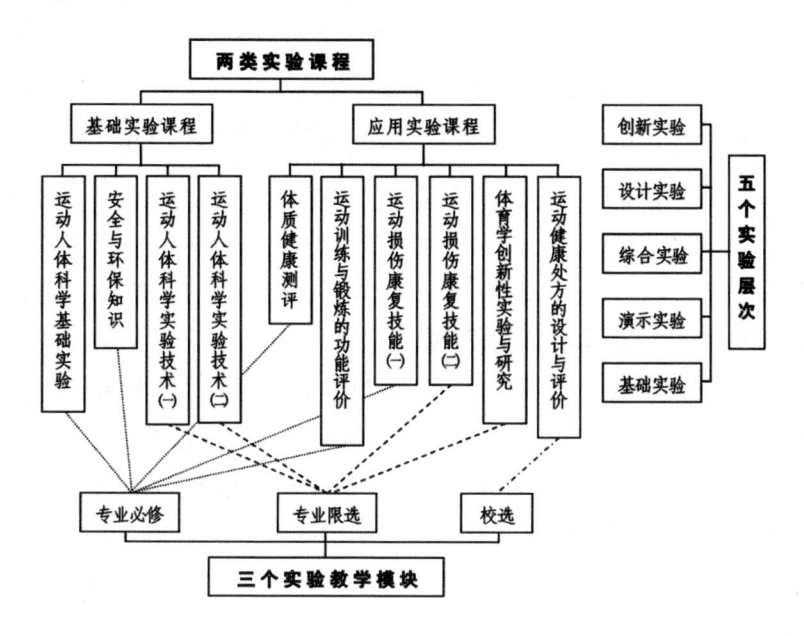

图6-4 "235"实验课程体系的构成

三、创新实验教学方法

（一）教学方法

创新能力的培养需要扎实的基础、系统的训练和进行创新的机会，体育学由于涉及的学科广泛、不同的学科核心能力不一，要求的基础不一，况且目前人类认识的水平不断提高，知识的更新越来越快，过去奉为经典的内容，在新的时代环境下也许是完全错误的，如果简单地理解夯实基础的概念，采用被动的简单重复的训练，不但达不到创新教育的目的，甚至还会适得其反。知识的关联性目前也越来越大，结合知识社会的变化，在实验教学方法上针对不同性质的实验项目采用不同的方法。

1. 针对基础性实验的创新实验教学

随着互联网技术的持续发展，网络资源越来越丰富，对于体育学中基本的知识、经典的理论、基础的操作，完全可以借助优秀的网络教学资源，让学生自主学习的方法，进入实验室后学生可以独立观察与操作，也可以两人一组互述互评、学生演示讲解；教师只是在学生实验前为学生准备好所需的一切仪器设备与材料，实验中教师密切关注学生的实验进展情况、当学生提出问题或遇到障碍时为保证实验的顺利进行提供必要的建议和指导、教师采用随堂检测的方式获得学生实验效果的反馈，基础实验不仅仅是夯实基础知识，更重要的是培养学生自主学习、独立思考的能力，为创新研究奠定思维与学习习惯的基础。

2. 综合、设计性实验的创新实验教学

综合、设计型实验项目适合于在体育科学研究中已经被大多数研究公认的科学事实，而这一事实是由多种因素构成或影响的，也许这些因素会跨课程的多个章节，甚至跨学科、完成实验需要多种核心能力，需要使用多种实验研究手段与方法来获得的数据。对于这一类实验通常采用"固定导向型"实验教学模式，"固定导向型"实验教学模式是指"教师提出实验课的实验项目专题→提供可采用的实验方法并准备好仪器设备与材料→提供实验参考方案→学生对照实验教材理解消化内容后，鼓励学生查阅专题文献→设计实验方案与实验流程→按照实验方案完成实验→经过验证形成概念与原理"。学生以个人或小组形式自由组合，在教师的指导下，独立设计实验方案，自主实施。部分实验周期特别长、实验条件要求特别高的实验中，教师们还采用"虚拟仿真"的方式，提高学生实验的效率，比如2020年获得教育部认定的虚拟仿真实验教学一流课程《健身运动处方综合设计性虚拟仿真实验》。

3. 研究创新性实验的创新实验教学

当代科技发展的水平越高，每天产生的新的观点、新发现也会越来越多，体育学是一个非常活跃的领域，体育学研究领域还有许多未被研究公认的科学发现，或者是实现难度较大的内容这一些都是创新实验的来源。创新性实验采用"随机导向型"实验教学模式一般以"学生进入某创新研究工作室→进行实验技能的训练→学生提出研究专题想法→教师解释相关概念与实验原理、提供相关文献资料的检索范围、可以参考的实验方法与实验方案→学生查阅专题文献→经过归纳推理形成研究假说→设计实验方案与实验流程→按照实验方案与流程完成实验、收集数据→发现问题，经过演绎推理检验假设→作出研究结论"。学生在进入创新研究工作室之前没有一个具体的研究方向，帮助研究生或教师完成实验过程中，通过在实验室随机的学习和实践实验操作技能，逐步形成一些研究选题，从根本上解决创新性实验研究的源头问题。利用国家自然科学基金课题《基于果蝇转基因沉默表达体系研究运动抗心脏衰老候选基因Ldhal6b的功能》（项目号：31071039）研究过程产生并指导完成的一系列国家级、省级大学生创新实验项目《不同强度运动对中老龄果蝇Aconitase活性、Aopps含量的影响》《规律运动对Nmnat基因沉默中老龄果蝇心脏功能的影响》《低氧与运动干预对老龄果蝇心脏节律的影响》就属于通过"自由导向型"模式产生的研究创新性实验。

（二）创新评价与考核办法

在实验评价与考核方面打破传统单一地方法，进行了一系列的改革。采用口试、学生示教、实验操作（随堂检测）、实验报告与实验研究论文等多种形式，同时鼓励学生能积极地产生研究成果，把学生参与发表的论文、专利等也纳入考核范畴，积极利用网络资源进行考核，开发在线测试系统，《运动人体科学基础实验》《实验技术》与《安全环保知识》在线学习与考核，采用由学生"自主选择考试时间、考试次数与考试成绩"的在线测试方法进行。学生对自己的学习成绩不满意，可以到中心开放预约室多次参加测试，直至满意为止，以最大限度地调动学生的学习积极性，激起学生的学习责任感。

（三）拓展教学渠道

积极申请了"'运动健康'多学科融合创新型人才国际合作培养项目"，将体育学、生物学、医学等国内一流建设学科和培育学科与体育学国家级实验教学示范中心、体育教育国家级特色专业建设点及体适能与运动康复湖南省重点实验室融合，响应国家对运动健康高端人才培养的号召，推出以"学科融合为特、三校联合为优"为核心的新型人才培养模式，积极培养具有推进健康中国建设需要的专业核心能力、国际视野和竞争力、国际交往和沟通能力的多学科融合创新型高端人才。

第三节　研究驱动型创新平台

一、概况

如果说教学是从实践角度去挖掘创新资源，那么研究的目的就是创新，任何的创新都是研究的结果。体育学研究创新平台是反映体育学创新水平的客观指标。湖南师范大学体育学的创新平台基地已经逐步形成了多层次、多领域的创新发展格局，从自然科学的角度，体适能与运动康复湖南省重点实验室是湖南师范大学建设较早且湖南省为数不多的体育学重点实验室；在学校层面还有湖南师范大学重点实验室——青少年体质研究与监测重点实验室，另外还与企事业单位和政府部门合作共建了两个湖南师范大学产学研基地，分别是与湖南白泥湖强制隔离戒毒所共同建设的吸毒戒断运动康复产学研基地，与长沙翔通体育用品有限公司合作建设的体育高科技产品开发研究产学研基地。从人文社会科学的角度，拥有国家体育总局体育社会科学研究基地湖南师范大学体育社会科学重点研究中心；还有三个校级的研究所分别是足球教育研究所、民族体育文化研究所、湖南体育产业研究所，下面介绍体适能与运动康复湖南省重点实验室。

二、体适能与运动康复湖南省重点实验室的构建

（一）背景介绍

体适能与运动康复湖南省重点实验室从2009年开始筹建，2011年向湖南省科技厅提出建设申请。实验室当时主要的优势和特色是，建设历史长，建于1957年，由曾宪梓教育基金一等奖获得者、曾任国务院学位委员会学科评议组成员、我国运动生理学知名教授王步标先生领衔创建，1985年运动生理学学

科获得首批"湖南省重点学科"和"硕士学位授权点",科研水平一直处于省内同类实验室的领先水平、国内同类实验室的先进行列。2004年通过财政部专家"中央与地方共建实验室"的投资评估,2010年获得中西部地区首个体育学一级学科博士点。实验室已建设成为具有学科与研究团队优势、行业特色与技术特点的研究型实验室。在全国同学科、同行业实验室中具有重要的影响与地位。其特色与优势主要表现在:(1)研究成果新:研究人员能及时、准确地把握国内、外的研究动态,使研究具有显著的前瞻性、目标性与实效性。实验室率先在我国体育科学领域中开展运动蛋白质组学研究,并形成了系列研究成果;建立了基于模式生物转基因沉默和突变表达体系,自主研制了果蝇运动装置,建立了果蝇运动能力评价指标及不同运动负荷的果蝇运动模型,研究运动延缓心血管衰老的作用及机理;实验室在全国最早开展运动心肺功能方面研究,积累形成了稳定、具有多项成果支撑、可持续发展的研究方向。(2)研究队伍强:研究队伍由多学科专业人员组建,以教授(64.71%)、博士(47.10%)为核心,以中青年教师为骨干,形成了富有创新精神、稳定的学术梯队,成为聚集、培养优秀体育学科技人才的重要基地。(3)研究平台高:实验室建立的研究平台在省内同行业中位居第一,在国内同行业中居先进水平。实验大楼面积为4326m²,用于科研实践、运动训练、术科教学与运动健身及康复的体育场馆近5万m²;拥有科研仪器设备1833.53万元,其中10万元以上的仪器设备39台件套;实验室建立了我国第一个运动蛋白质组学实验室,以及运动心肺功能、运动生物化学、运动分子生物学、运动细胞生物学、电生理学、体质健康测评、运动康复、运动生物力学、运动心理学等技术平台,高水平地实现了不同人群体质健康的规范化与系统化监测、运动与营养健身效益及机制、运动训练的科学监控、运动康复等体适能与运动康复研究领域的功能。

(二)重要性

体育科学是一门具有自然科学与人文社会科学双重属性的学科,其自然科学属性属于生命科学的范畴,从运动干预的角度研究人口健康是该学科研究的主要领域之一。"体适能"来源于英文"Physical Fitness",德国称之为"工作能力",法国称为"身体适性",日本称为"体力",我国习惯称之为"体质"。体适能指精力充沛地完成日常工作,从事活动性的业余活动和应对意外事件无过度疲劳，而表现出的体力与精力的动态适应状态。体适能由健康体适能（Health-Related Physical Fitness）与运动体适能（Sports-Related Physical Fitness）两部分构成，健康体适能包括肌肉力量、肌肉耐力、柔软性、心血管循环系统的耐力及身体脂肪百分比等与体质和健康有关的5个要素，其中肌肉适能、心肺适能与身体成分是与健康关系密切的三个方面；运动体适能包括敏捷性、平衡感、协调能力、速度、反应时间及爆发力等与运动技能有关的要素。已有的大量研究表明，健康体适能水平与人类的健康水平呈正相关；与慢性疾病，尤其是与心脑血管等疾病的发生率、死亡率呈负相关，而"缺乏运动"已被公认为是慢性疾病高发的主要原因之一。美国在"健康国民2010"计划中，强调儿童少年参加体育锻炼不仅是增强体质与提高健康水平，更为重要的是实现"慢性疾病预防关口前移"的关键措施。

三、主要研究领域与研究方向

体适能与运动康复湖南省重点实验室依托湖南师范大学"211"综合性大学的学科与科研优势，以体育学、生物学、医学与心理学等"大生命"学科背景为支撑；以体育学一级学科博士点与一级学科硕士点、国家级体育教育特色专业、运动生理学省级重点学科等强大的学科、专业资源为根基；并以卫生部健康管理师培训基地、国家社会体育指导员培训基地等省部级专业培训基地，以及湖南省体育医院、湖南省人民医院、长沙市四医院等实训基地为坚实的基础，将科学研究、学科建设、创新人才的培养与服务社会有机结合，实现同步协调发展。

实验室本着"创新、务实，服务于社会"，即面向科技创新、面向创新人才培养与服务于社会的宗旨，一直坚持在下列研究领域开展科研工作。

方向一：健康体适能的体育锻炼及营养干预

国民体质与健康研究是一项关系到国计民生的永恒课题，更是在高度现代化社会中人类必需面对的重要科学命题，也是本实验室传统、稳定、可持续发展、具有多项课题与成果支撑的研究方向。实验室王步标、曾凡弟、肖泽亮教授等人，曾参与1979年以来多次全国大规模青少儿体质调研和追踪监测的工作，并参与撰写调研报告。1985年，王步标教授获得首批国家自然科学基金项目《青少儿体质（生理功能部分）的纵向研究（386-0602）》，是国内最早开展运动与心肺功能研究的单位，多篇论文发表于国家级核心期刊，出版《体适能与健康》等专著多部。

健康体适能中肌肉适能、心肺适能与身体成分的三个方面，以及体育锻炼的心理干预方面是本实验室的几项重要研究内容。

本方向研究的主要内容：

（1）体育锻炼提高心肺适能的作用与机理研究；

（2）体育锻炼提高肌肉适能的作用与机理研究；

（3）体育锻炼与体重控制；

（4）不同人群的体质监测与评价；

（5）体育锻炼、营养、心理干预的健康效益及机理研究。

研究成果创新水平：实验室在该研究领域中一直处于省内领先地位，并在全国具有重要的影响。实验室在该研究领域所做的工作可应用于不同年龄、性别、职业等不同人群体质与健康的运动、营养与心理干预等方面，为不同人群进行运动与营养处方的设计、实施、监控与评价提供指导，为国民体质健康及其运动与营养干预的科学化、标准化与普及化提供开放式服务，并及时把握国民体质与健康的发展变化动态，为国家进行国民体质与健康的各项决策提供科学理论与实验研究依据，为提高国民体质与健康水平、建设健康城市提供有力的保障条件。

方向二：运动体适能的训练及其科学监控

为了体现"更高、更快、更强"的奥运精神，针对高水平运动队训练和比赛中遇到的具有共性、基础性问题或疑难、关键问题，在运动训练监控、运动员体能恢复与运动营养、模拟高原训练、运动员心理训练与调控、反兴奋剂等领域进行研究，以科技创新推动训练创新，为运动训练起到了重要支撑和保障作用。

本方向研究的主要内容：

（1）特殊环境运动的适应性机理研究；

（2）体能恢复与运动营养干预；

（3）运动动作技术的综合诊断；

（4）运动训练的医学监督；

（5）竞技运动的心理训练与调控。

研究成果创新水平：该领域研究水平居省内领先、国内先进水平。

研究与构建拳击、举重等重点体能项目运动员消除疲劳及综合体能恢复系统；采用运动学、动力学、肌肉力学测量与分析方法对竞技运动员进行动作技术诊断和肌肉力学特征研究；继续与湖南省网球运动管理中心开展"间歇训练在网球体能训练中应用"的合作研究，与湖南省体育局合作进行"我省拳击、皮划艇项目运动员技术动作及机能状况"的综合研究，对运动员体能训练、伤病防治、训练医学监控、运动营养、心理以及技术训练等方面进行科技攻关服务，使其在健康、运动能力及技术上取得突破。创造条件，建成湖南省第一个综合环境（低氧等）训练室，面向湖南省体育局省高水平运动队、全省高校大学生高水平运动队全天候开放，对其运动训练过程进行科学、有效地监控，有效地提升湖南省的运动竞技水平，使该领域研究保持国内先进水平，在国际上具有重要影响。

方向三：慢性疾病与高发病的运动康复

本方向研究的主要内容：

（1）运动与平衡营养干预对慢性疾病、高发病发展与预后的作用和机理研究；

（2）运动抗衰老的作用与机理研究；

（3）运动性疾病与损伤的发生机理及康复研究；

（4）不同职业病康复的运动干预研究。

研究成果创新水平：实验室在该研究领域中所完成的工作居省内领先地位，在国内具有重要影响。

在当前疾病谱中，慢性疾病已成为危害人们健康的首要因素，甚至成为导致人们丧失工作能力和死亡的重要因素。实验室在本领域的工作，主要应用于由缺乏运动、营养过剩或不平衡等引发的糖尿病、高血压、冠心病、肥胖、骨质疏松、腰或颈椎骨质增生等慢性疾病的机理与运动康复，通过运动干预延缓人体各器官结构与功能的退行性变化、颈椎病、腰背肌劳损、各种亚健康状态等不同职业人群的职业病，以及运动健身与竞技运动训练中常见的运动性疾病的运动康复方面。

三、组建重点实验室的必要性分析

（一）健康体适能的运动与营养干预方向

科学技术的飞速发展，生活水平的快速提高，使人们工作与生活的压力大幅度提高，人类健康面临着各种挑战，时尚病、生态失衡、营养过剩、缺乏运动、功能退化、生活危险与身心压力等严重威胁着人们的健康。因此，探讨其影响因素、发病机理与干预措施成为亟待解决的命题。前世界卫生组织总干事马勒博士曾强调指出"健康并不代表一切，但失去了健康，便丧失了一切"，深刻地阐明了生活、事业与健康的辩证关系。美国纽崔莱营养与健康研究中心医学顾问杜克·约翰逊博士提出"参与运动"是理想健康的八大支柱之一。

生命在于科学运动，是由运动的双向性与可复性特征决定的。适量的、有规律的运动会对人体产生正面的、良好的影响，但过量或过度的运动，必然损害健康，即运动对人体的影响具有双向性特征；而中止运动后，由于应激过程的中止会使人体已获得的适应逐渐消失，亦即由运动引起的人体运动能力的提高、各器官系统功能的增强，会因运动的中止而逐渐下降复原（可复性）。因此，学者们提出"科技健身"。

欧美学者普遍认为健康体适能是评价健康情况的一个综合性很强的指标，直接与整体生活品质相关。近年来，有学者又提出代谢性体适能（Metabolic-related physical fitness），主要包括血糖、血脂、血胰岛素、骨密度等，反映的是一种机能状态，它与许多慢性疾病的发生或发展直接相关，通过降低血脂水准、控制血糖等都能增强机体代谢体适能，减少运动不足性疾病的发生，并影响体适能的表现。面对心脑血管疾病、肥胖等疾病的高发，美国、日本、加拿大、德国等发达国家以政府主导的形式，积极推进运动促进健康活动，已经使心脑血管疾病的发生率从快速上升、稳定控制到逐年下降。美国持续50多年，开展"积极生活方式总统奖"挑战项目（The Presidential Active Lifestyle Award challenge），倡导人们增加日常生活中的身体活动比例，鼓励人们通过增加身体活动量或频率，以有效地增进健康。加拿大政府一直积极倡导与推广国民"终身体育发展模式"（Sport for Life，分为7个阶段），提高体育参与率，形成积极向上的终身体育观，以促进健康。2007年，美国医学会和美国运动医学会正式启动"运动是医药"（Exercise is Medicine，EIM）项目，其核心理念是：健身运动与体力活动是疾病预防和治疗的组成部分，体质健康是生命体征之一。目前，"EIM"项目已在世界范围内推广。不过，国外也有研究表明，体育锻炼对降低心血管疾病、血脂或脂蛋白的效果并不理想，这可能与研究的样本较小、时间较短有关。但大量的研究仍支持采用科学运动与合理营养对国民体质与健康进行干预是行之有效的。美国一项针对14,000名儿童少年心血管疾病相关危险因素的追踪调查（始于1973年，持续25年）发现，成年人发生动脉粥样硬化的危险因素来源于儿童期10岁前，缺乏身体活动或不良饮食的儿童，其成年之后发生心血管疾病的危险将明显增加，表明在儿童期倡导身体活动或体育锻炼将有利于预防成年后慢性病（如肥胖、心脏病、糖尿病等）的发生。国外，在针对不同人群进行的运动处方、运动干预模式研究方面，提供了很多值得借鉴的成果。

在国民体质与健康研究中，国外以个体研究为主，开展的研究多为实验研究，研究对象既有普通人群也有慢性病患者，且追踪研究较多。国内是通过大规模的调研，了解群体体质趋势，并以此为标准，研究对象以普通健康人群为主，且以横断面研究居多。在青少年体质研究方面，自1979年以来，历次大规模全国学生体质健康调研结果均显示，青少年体质与健康状况主要表现为身高、体重与胸围等身体等形态发育指标，呈现明显增长的长期趋势，与国外报道一致；肺活量与耐力、力量耐力等身体机能与素质水平1985年后持续下降，且下降幅度呈现逐年加大趋势；中国学生肥胖检出率呈现增高趋势，尤其是北京、上海城区与沿海大城市（如广州、福州等）男生的肥胖检出率分别达到12.3%与11.8%，接近多数西欧国家、加拿大与澳大利亚等发达国家水平，呈现出肥胖流行的趋势。在国民体质调研方面，我国从2000年才开始进行有规模的调查，研究报道的文献较少。在三次大规模体质与体育人口的调研中，发现许多问题，如体育锻炼观念淡薄、成年男子肥胖率升高、城乡与地区体质水平差距明显，呈现"东高西低"的状态；心脑血管等疾病的发生率与发展中国家一致，呈现持续上升的趋势；25～60岁的各年龄段体育人口（每周3次，每次30min，中等强度有氧运动）均不足8%，女性不到5%。另一方面，国内有关体质与健康的研究多侧重于现况研究，较少见运动与营养干预的系统研究。本实验室已开始在这一领域中进行一系列实验研究,采用不同强度运动研究心肌的适应性变化及其规律,并重视开展对残障学生体质与健康的运动干预研究。针对学生体质与健康出现的问题,2007年我国正式启动"全国亿万学生阳光体育运动",重申"健康第一"的教育理念。2011年2月国务院又颁发了《全民健身计划(2011—2015年)》,均反映出党和政府正在积极采取各种有效措施,以改善国民体质与健康的状况。

主要研究发展方向:①不同人群体质与健康的运动处方研究;②运动干预模式研究;③体质与健康的运动与营养干预效果及机理的研究;④运动与体重控制。

(二)运动体适能的训练及其科学监控

随着世界各国对竞技体育运动的高度重视,竞技场上的竞争日趋激烈,竞技体育水平的高低不但反映了运动员们的运动能力,也反映了一个国家综合实力,尤其是科技实力。国内外学者从体育学、生物学、医学、力学等学科角度开展了细胞凋亡、信号转导、运动免疫、运动心脏、激光医学、基因多态性、蛋白质组学、代谢组学、生物芯片技术等分子生物学的研究;从运动技术的诊断和设计、运动员连续动作的图像识别分析、影像技术、体育系统仿真、三维运动学分析法等生物力学研究;从低氧环境对运动成绩的提高、竞技训练竞赛的生理生化指标监控等研究。总体发展特点是:微观水平研究不断深入,宏观水平研究更加发展,研究方法日益创新,应用性研究受到重视,研究领域不断扩大等。

国外动态:在骨骼肌研究方面,目前从基因水平对骨骼肌纤维类型的变化及相关因子的变化规律及其机制进行研究,成为当前国际运动生理学界研究热点。有学者从肌球蛋白重链的基因表达角度,研究发现耐力训练、力量训练乃至全速疾跑能引起Ⅱa型肌纤维增加、Ⅱb型肌纤维减少;较多研究认为,耐力训练可引起快肌纤维向慢肌纤维的转化。运动训练可诱导骨骼肌细胞凋亡,且细胞凋亡的发生还存在不同时相的现象。运动心脏的发生、发展一直是运动医学研究的热点问题之一,对运动心脏泵血功能、心脏肥大机理进行的探讨;20世纪后期,分子生物学及计算机科学的发展,运动心脏的研究深入到细胞、亚细胞、分子水平。目前,低氧训练仍然是体育科学领域中的研究热点,芬兰、瑞士、挪威、瑞典、德国、日本、美国和澳大利亚等国家已成立相关实验室，诸多学者正从事该方面的课题研究。有研究报道，高住低训（HiLo）能提高运动员血液中的促红细胞生成素（EPO）、血红蛋白（Hb）、红细胞（RBC）以及2,3-二磷酸腺苷（2,3-DPG）等有利于提高机体运氧和利用氧能力的指标，提高骨骼肌抗氧化及有氧运动能力；高住高练低训（HiHiLo）的研究结果表明，由于增大了低氧与训练的刺激强度，运动员的VO_2max、5 km跑均显著提高，运动员有氧能力和最大跑速的提高程度均大于HiLo组。

国内动态：国内有关骨骼肌的研究显示，骨骼肌细胞的凋亡不但与运动强度有关，而且与肌纤维类型相关，同时也发现细胞内Ca^{2+}浓度变化是运动诱发骨骼肌细胞凋亡的可能途径。并对不同项目运动员心脏形态、血流动力学改变及收缩舒张功能参数进行了研究。我国学者从心脏、骨骼肌形态结构和功能的适应性变化，对高原训练及模拟高原训练提高运动能力的机理，以及高原训练的科学应用进行了探讨。本实验室在这一领域中，开展了大量的工作，通过研究低氧运动对肌组织血管生成低氧反应基因的转录调节、低氧反应基因产物对肌组织血管生成的促进作用、低氧运动肌组织血管的生成机制，低氧训练能有效地促进组织中的血管生成，为低氧训练在运动实践中的运用提供理论依据和应用途径。在竞技体育研究方面，我国科研攻关在解决训练关键问题的能力和水平还不高；科技保障在满足竞技运动实践需求上还有一定的差距，许多成果还停留在描述、分析、总结的阶段，还没有真正发挥先导作用；国外先进技术、相关领域最新研究成果在我国的引进和应用滞后。主要表现在从单个学科或某一领域进行监控，没有形成系统的监控体系；对训练过程监控项目共性问题的研究较多，而结合专项特征的研究较少；对训练过程的监控，过多地偏重于对训练结果的监控，而忽视了对训练过程的监控。

主要研究发展方向：①开展运动体适能训练适应性机理的研究，综合多学科、多领域对运动训练进行科学监控，形成系统的监控体系；②结合专项特点探讨训练过程中运动员的个性化特征；③对训练过程动态评价，使监控更加精细化、连续化，是今后研究发展的主要方向。

（三）慢性疾病与高发病的运动康复

科学技术的进步在促进了社会和经济飞速发展的同时，现代文明也给人类健康带来了新的问题。由于缺乏运动使心血管疾病、糖尿病、肥胖的发生率逐年增加，严重影响了人们的健康和生活质量，人口老龄化进程的加剧使问题变得更为突出。统计资料表明，我国高血压患病率明显上升，患者高达1.6亿，且发病年龄呈现年轻化趋势，成为世界上高血压危害最严重的国家之一。而近年来，美国、日本等一些发达国家，由于采取运动、膳食营养等方面的有效干预，心血管疾病的患病率，已从快速上升度过平台期，过渡到下降阶段。

大量科学研究表明，科学、适量、有规律的有氧运动，经济、实用、有效，且无药物的毒副作用，既有益于不同年龄组健康人群的体质健康，达到降低慢性疾病危险因素的目标，又有益于一些慢性疾病的康复。1998年，在国际心脏学年会上运动心脏研究被列为重点专题，专家们预言运动心脏的研究，将成为下个世纪心脏学研究的热点之一。

国外动态：在慢性疾病与高发病的运动康复方面，加拿大多伦多康复中心十几年来对数千名冠心病患者进行了系统的运动康复，取得了良好的临床效果，有的冠心病患者经过系统的运动疗法后，甚至可跑完马拉松赛全程；肥胖是引发Ⅱ型心血管疾病和糖尿病的主要诱因，运动引起的代谢适应可使人体对多种疾病的易感性降低。研究还表明急性运动、长期有规律性的运动具有抗炎作用，急性运动主要与肾上腺素及骨骼肌来源的白介素－6大量产生有关；长期有规律运动的抗炎症效应与体脂减少、脂肪细胞、巨噬细胞跨膜受体TLR4表达下调及急性运动抗炎症效应的长期累积等因素有关。运动疗法对血压影响方面，国外研究者从运动形式、强度、时间与频率方面进行了细致而深入的研究，突出了运动康复的个体化特征。糖尿病的运动康复方面，国外研究者不再局限于研究有氧练习，还系统地研究了力量练习对糖尿病患者糖代谢、血脂水平、身体成分方面的良好影响。此外，衰老与耐力训练对骨骼肌纤维类型影响的研究结果显示，进行耐力训练的老年人，MHC亚型可向MHCⅡx→MHCⅡa→MHCⅠ转化。

国内动态：在北京召开的"运动、营养与健康和慢性病国际会议"上，与会代表有来自日本、美国、澳大利亚、韩国、新加坡等国家学者40人，国内代表70余人。学术内容涉及运动与合理营养的健康效益及机理、运动对基因表达的影响、营养的遗传变异、运动和营养对心血管病、脂代谢紊乱、糖尿病、骨质疏松症等慢性病及老龄化的作用和机理等。国内临床和实验研究表明，各种有氧运动与心脑血管疾病的发展及预后密切相关，科学、有规律的运动对心脑血管疾病具有积极的预防和治疗作用，与心脑血管疾病的发病率和死亡率呈负相关。在运动对肥胖的影响方面，表观遗传修饰改变作为肥胖和Ⅱ型糖尿病的发病因素已引起广泛重视，研究表明饮食和运动干预可导致小鼠骨骼肌基因表达谱发生改变。太极拳、八段锦、五禽戏等中国传统健身术对高血压患者血压影响研究较多，但不够深入。近年来，运动对糖尿病的影响、原发性骨质疏松的运动疗法已成为国内体育与康复研究领域备受关注的课题。有学者从信号转导通路的角度，研究有氧运动对KK-AyⅡ型糖尿病小鼠血糖和骨骼肌p38及其相关因素的影响，结果表明有氧运动可有效地降低KK-Ay小鼠的血糖及血清胰岛素水平，直接激活KK-Ay小鼠骨骼肌p38磷酸化，降低血清TNF-α，达到降低血糖的效果。

主要研究发展方向：涉及运动康复的慢性疾病疾病有糖尿病、高血压、冠心病、脑血管病、肿瘤、腰椎间盘突出症、慢性阻塞性肺疾病、骨质疏松、老年痴呆，以及颈椎病、腰背肌劳损等部分慢性、高发性职业病等。对于有规律的运动可降低各种慢性疾病危险的机制、慢性疾病的运动康复机制，尚未完全阐明；对于不同疾病、不同程度、不同年龄的患者采用的运动类型、运动强度与运动时间等也仍需进一步研究，以确保运动康复的安全、有效。主要研究方向：①不同慢性疾病运动康复处方的研究；②运动干预效果的研究；③运动康复中的反应和对策（包括了运动风险的评估和对策，等等）研究。

（四）重点实验室研究与实验研究领域对我省及国家知识创新、技术创新以及行业技术进步的重要性

实验室依托湖南师范大学"211"工程综合性大学的整体优势，加强了体育学、医学、生物学、心理学的相互协作，通过多年的发展，凝练成体育锻炼与国民体质健康、体育运动与心血管结构和功能适应、运动损伤康复及营养补剂方面稳定的、可持续发展的研究方向。在此基础上，组建体适能与运动康复湖南省重点实验室，开展健康体适能及其运动及营养干预、运动体适能的训练及其科学监控、慢性疾病与高发病康复的运动干预效果及机理研究，围绕体适能运动促进的关键技术及其社会服务功能进行研究，取得理论和技术体系上的突破，不仅能推动我省体适能与运动康复的知识创新和技术创新，而且能实现

行业的技术进步。

1. 知识创新方面

健康体适能的体育锻炼及营养干预：通过众多相关学科交叉渗透，进一步完善经典健康体适能测评指标体系；在充分重视国民体质与健康研究的基础上，关注老年、婴幼儿与残障等特殊人群的健康体适能变化规律，以及运动与营养干预方面的研究；在通用运动处方研究的基础上，加大特色运动处方的研究开发力度，争取在全民体质与健康研究方面取得突破性进展。

运动体适能的训练及其科学监控：加强训练过程的科学监控是提高运动员成材率、缩短培养过程、延长运动寿命、提高训练的针对性和实效性的必经之路。综合多学科、多领域对运动训练进行科学监控，形成系统的监控体系；结合专项特点探讨训练过程中运动员的个性化特征；对训练过程动态评价，使监控更加精细化、连续化。体能训练已逐步成为一项多学科交叉应用挖掘运动员生物学潜能的系统工程，结合多学科理论与方法促进体能训练的创新与发展。

慢性疾病与高发病的运动康复：研究不同慢性疾病的运动康复处方、运动干预效果；开展亚健康人群免疫低下原因、机理及运动、营养干预的研究；在运动抗衰老、运动康复等方面取得突破性研究进展，进入国内先进行列。

2. 技术创新方面

构筑运动蛋白质组学研究平台：从宏观研究进展到分子水平的研究，从基因组学、蛋白质组学和信号通路的角度开展研究。实验室采用在生命科学领域中前沿的蛋白质组学方法，从运动健康的角度，研究在不同强度运动应激条件下心肌蛋白质组的适应性表达及其机理，已筛选出与运动心脏重塑、能量代谢等有关的63个目标蛋白质点，在国内属领先水平。

构筑基于模式生物运动抗衰老基因功能研究平台：基于模式生物转基因突变和RNAi沉默研究平台，自主研制了果蝇运动装置，建立了果蝇运动能力评价指标及不同运动负荷的果蝇运动模型，研究运动延缓心血管衰老的作用及机理，构建了运动抗衰老基因功能研究的新平台，在国内属首创、国际上居先进水平。

构筑生物营养素及活性肽促进体能恢复研究平台：生物活性肽强力营养补剂在提高机体对运动负荷的适应能力、抵抗疲劳产生和加速疲劳消除方面具有十分明显的作用。通过将生物营养素及活性肽超低温萃取技术提纯为冻干粉，研究其活性成分抗运动性疲劳、恢复体能的作用和机理，构筑生物营养素及活性肽强力营养补剂研究平台，使平台建设居国内同行领先水平。

3.行业技术进步方面

提升全民族健康素质，必须全面提高大众健身的科学化水平；突破竞技体育关键技术必须依靠自主科技创新；推动体育产业进步必须重视自主知识产权产品的研发。

以科技创新指导科学健身：我国体适能测试项目及评价体系正在进一步完善，但亟待解决建立常模、标模和网上自评系统；对糖尿病、高血压、冠心病、肥胖、骨质疏松、腰或颈椎骨质增生等慢性疾病、高发疾病进行早期健康预警测评，针对不同状况制定个性化的运动处方，指导科技健身；通过运动机体的有氧代谢能力检测，评价受检者的健康、衰老或者疾病康复状况，针对不同状况制定个性化的运动康复处方；对焦虑、抑郁、神经衰弱、强迫症等进行心理评估，为儿童至各个年龄阶段的人群提供心理健康状况及运动干预服务。

以科技创新引领训练创新：运动训练是一个复杂的系统工程，需要多学科、综合性的科技服务对系统中的各要素进行准确把握和全面支持。为我省教练员不断深化对项目发展规律的认识，科学地制定训练、比赛计划提供参考，为促进我省各运动项目科学训练发挥积极作用。将科技创新成果及时、高效地应用到运动训练实践中，不断提高科技保障水平，建成训练监控和科技服务的重要基地。

将科技创新融入产品研发：通过健康体适能测评指标体系的构建，进行健康体适能自评系统软件开发；生物活性肽强力营养补剂的研制、开发及应用。

（五）组建重点实验室的优势与风险

1.组建重点实验室的优势

学科优势：体适能与运动康复湖南省重点实验室依托的主要学科运动人体科学学科已有54年建设历史。1985年运动生理学（现为运动人体科学学科）获得评为首批"湖南省重点学科"，曾在全国体育学领域，尤其是体育院校中具有很大的影响。同年获得运动生理学硕士学位点，是全国体育学学科中建设较早的硕士点之一，硕士点建立以来，已培养来自全国各地的硕士研究生25届，并逐年扩大研究生的招生规模，在校硕士研究生达300多人。先后举办4次"全国运动生理生化高校师资进修班"，为全国高等院校培养了100多名运动人体科学专业的骨干教师，对全国运动人体科学专业产生深远的影响。2010年获得体育学一级学科博士点，成为西南地区首批运动人体科学博士授权单位。通过"十一五"校级重点学科的建设，该学科方向、队伍建设、人才培养、科学创新、构建平台等方面实现了跨越式发展，在全国同类学校的相同专业中具有较强的实力，在全省居领先地位，已成为我国运动人体科学高层次科研人员和运动健康促进高级应用人才培养的重要基地。

行业优势：由于人们生活方式的改变和人口老龄化进程的加剧，健康状况的下降已成为我国乃至国际社会必须面对和解决的重要问题。运动将是改变身体健康状态的关键，它能有效干涉人们的生活方式，预防各种慢性病的发生，适量的体育活动是增进健康和维持健康的最简易方法之一，坚持体育活动有助于保持身体的柔软性和灵活性，加强肌肉、关节及骨骼的功能，提高心脏工作的效率，改善血液循环，预防心血管疾病，同时缓解压力和抑郁。各国政府逐步认识到健康促进主要是集中于预防疾病与促进健康，体育运动可作为健康促进的主要手段和方式来提高国民的健康状况和生活质量。增强运动健康促进意识、强调科学的运动健康促进方式、强调身体运动的重要性已成为当前健康促进的主要目标，具有巨大的发展潜力和广阔的市场需求，行业优势凸显。

科研队伍优势：实验室的研究队伍由运动人体科学、医学、中医学、生物学与心理学等多学科具有实力的教授、副教授和博士组成，在青少儿体质、运动营养与康复、骨骼肌运动应激与适应性机理、低氧训练适应性机理、运动心理学等方面取得了研究成果，率先在我国体育科学领域中开展运动蛋白质组学研究，在全国同学科实验室中具有重要影响与地位。近年来，基于模式生物转基因突变和RNAi沉默研究平台，自主研制了果蝇运动装置，建立了果蝇运动能力评价指标及不同运动负荷的果蝇运动模型，来研究运动延缓心血管衰老的作用及机理，构建了运动抗衰老基因功能研究的新策略，在国内属首创、国际上居先进水平。

2. 存在的风险分析

该实验室如果获得湖南省科技厅批准立项，依托单位湖南师范大学将在人力、财力、政策上给予支持和保障，在现有优势基础上将按照湖南省重点实验室的要求进行建设，不会出现风险，如果在建设中遇到困难完全能够克服，将根据省重点实验室标准建设好。

3. 组建任务与目标

（1）总体目标

体适能与运动康复湖南省重点实验室的组建以"提升自主创新能力，提升承担国家与省级重大科技项目与研发任务的能力，提升重点实验室在本行业（领域）的地位，力争重点实验室及各领域的研究成果进入国内先进行列，并在国际上具有重要影响"为总体目标。

组织管理目标：实验室实行人、财、物相对独立的管理机制，通过制定相关规章制度，做到管理规范化、制度化与网络化。实验室在组建阶段和运行前期，依托单位和主管单位给予必要的资金资助支持，经费主要用于实验室条件建设。组建以后，重点实验室实行自我发展，通过采取鼓励措施，多途径争取科研经费，确保重点实验室的良性运行与可持续发展。

研究开发目标：凝练和发展健康体适能的体育锻炼及营养干预、运动体适能的训练及其科学监控、慢性疾病与高发病的运动康复等研究方向，取得理论研究和技术开发的突破；通过健康体适能测评指标体系的构建，进行健康体适能自评系统软件开发，以及生物活性肽强力营养补剂的研制、开发及应用。建成我省体适能与运动康复基础理论研究与应用开发的重要基地。

人才培养目标：引进国内、外高水平研究人员进入实验室，投入实验研究工作；鼓励中青年教师报考博士研究生，通过队伍内的传、帮、带，承担科研任务等方式进行继续培训和教育，提高他们的创新素质和业务水平；对年青帮助实验技术人员进行在岗或离职培训，同时尽可能在政策和待遇上给予倾斜帮助。建设一支以教授、博士为核心，以中青年教师为骨干的年轻化、高学历、富有创新精神稳定的学术梯队，成为我省聚集培养和稳定优秀科技人才的重要基地。

对外交流目标：实验室所有仪器设备均面向各高校、健身场所、运动队开放；在依托单位的支持下面向全省及中南地区设立开放课题；谋求国内外合作研究伙伴。切实做到对外开放、人员流动、联合攻关、良性竞争，提升自主创新能力，扩大社会影响力，成为我省开展体适能与运动康复学术交流的重要基地。

成果转化及社会经济效益目标：建成后，面向我省对人口健康发展的需求，建立我省国民体质监测工作站，提供健康体适能运动促进相关的咨询、指导，提升我省运动健康促进的整体水平，促进我省人口健康的可持续发展，同时开展与竞技体育的合作研究，提高湖南省体育强省的地位。

（2）实验与研究目标

以"运动健康促进"为指导，在现有研究方向的基础上，通过对现代健康观下国民体质监测指标体系重构和检测方法的研究，探索国民体质发展变化的规律；研究体育运动对慢性疾病与常发疾病预防和康复的影响及机理研究，探讨针对不同人群的健康状况采用个性化运动处方以促进体质增强的方法；开展不同运动项目运动体适能特点和技术动作诊断的研究。进一步凝练和发展实验室研究方向，通过省重点实验室的建设，形成健康体适能的体育锻炼及营养干预、运动体适能的训练及其科学监控、慢性疾病与高发病的运动康复3个具有明显优势和特色的研究方向。

力争在健康体适能的体育锻炼及营养干预、运动体适能的训练及其科学监控、慢性疾病与高发病的运动康复研究等方向取得理论研究和技术开发的突破，获得系列具有一定国际影响、国内领先水平的原创性成果，并形成特色和优势，建成省内一流的重点实验室，为成为国家重点实验室奠定基础。

健康体适能的体育锻炼及营养干预方面：紧紧把握"人类健康需要科学的运动与营养干预"这一体育科学发展与社会发展需求的主题。以科学发展的战略眼光，依托中央与地方共建体育学实验中心、省级普通高校示范实验中心、卫生部人才培训中心健康管理师湖南工作站，及时把握国民体质与健康的动态，有针对性地开展研究工作。充分重视开展青少年与老年人的体质与健康研究，从不同人群的运动与营养干预机理、效果进行更深入地研究。争取在运动与营养干预改善心肺适能、肌肉适能的机理与效果方面，在体重控制、特色运动与营养处方的研究，在采用运动与营养干预的措施，有效地将慢性疾病的预防关口前移等方面有所突破。

运动体适能的训练及其科学监控方面：针对高水平运动队训练和比赛中的具有共性、基础性问题或疑难、关键问题，在运动训练监控、体能恢复与运动营养、模拟高原训练、运动员心理训练理论与方法、反兴奋剂等领域进行研究。在特殊环境运动适应性机理的研究方面，研究模拟高原低氧环境复合运动训练对机体产生的暂时性供氧不足对心脏及骨骼肌耐缺氧能力的影响及分子机理，以及高温、高热环境下运动机体习服的规律及医务监督；在体能恢复与运动营养干预方面，研究运动性疲劳机理及中医药消除运动性疲劳的作用，开展营养素及活性物质对体能恢复的影响及强力营养补剂的开发；在运动动作技术的综合诊断方面，采用运动学、动力学、肌肉力学测量与分析方法对我省拳击、皮划艇项目运动员技术动作进行分析和诊断，构建优秀拳击、皮划艇项目运动员技术动作运动学特征和肌肉力学特征；在运动心理的调控与训练方面，开展PETTLEP表象综合训练模型对肌肉力量影响的效果，以及不同项群高校运动员智力结构特征及其与运动水平的相关性研究。

慢性疾病与高发病的运动康复方面：随着我国国民经济的快速发展与现代化进程日益加速，人们的物质生活水平不断提高，工作与生活中体力活动的比例下降，导致国民疾病模式的改变。及时把握严重影响国民生活与生命质量的慢性疾病、高发病的研究动态，开展运动对脂代谢紊乱、糖尿病、骨质疏松症、心脑血管疾病等慢性疾病及高发病的作用和机理、运动抗衰老的作用与机理、职业病的康复与运动干预、平衡营养对慢性疾病康复的作用和机理、骨关节病等运动性疾病与运动性损伤的康复治疗等研究工作。利用实验室在国民体质与健康等方面的成果，争取在糖尿病、高血压、冠心病、肥胖、骨质疏松等慢性疾病的运动康复效果与机理，以及运动性疾病与损伤、运动干预延缓人体各器官结构与功能的退行性变化等方面有所突破。

4. 组建实施方案

（1）组建方案

①总体设计

体适能与运动康复湖南省重点实验室，由湖南师范大学体育学院实验中心的体质测评、运动蛋白质组学、肌肉生理、运动生物化学与分子生物学、运动康复、体能训练与技术诊断等6个创新研究工作室组建而成，构建形成运动心肺功能、运动生物化学、运动分子生物学、运动细胞生物学、电生理学、体质与健康测评、运动康复、运动生物力学、运动心理学等实验技术平台。

按照重点实验室建设的文件精神，以"出成果、出人才、出效益"为目标，坚持"突出重点、加强创新、开放共用、滚动发展"的建设原则，本实验室以"提升自主创新能力，提升承担国家与省级重大科技项目与研发任务的能力，提升重点实验室在本行业（领域）的地位，力争各领域的研究成果进入国内先进行列，并在国际上具有重要影响"为目标进行总体设计，成为湖南省体育学领域中，开展高水平基础研究和应用基础研究、聚集与培养体育专业科技人才、开展学术交流、促进国民体质与健康、运动康复与竞技运动运动员体能训练的科技成果转化的重要基地。

在研究方面，与学校生命科学院、医学院与教育科学院等湖南省重点实验室、教育部及湖南省高等学校重点实验室之间，实行资源共享，实现学科交叉与融合，充分体现了优势集成，高水平地实现不同人群体质与健康的规范化与系统化监测与评价、国民体质与健康的科学干预，深入探讨其影响因素与机理，有效地提高国民体质与健康水平，为国家在该方面做出正确决策提供重要的研究依据，并在有效降低慢性疾病与高发病的发生率，提高竞技运动员体能水平与运动能力等方面，创造出一流的高水平成果，为进一步申报国家重点实验室奠定坚实的基础。

②结构布局

体适能与运动康复湖南省重点实验室由湖南师范大学独立组建，按照《湖南省重点实验室建设和运行管理办法》履行各项职责，承担各项任务。学校成立由校长与主管校长领衔的重点实验室领导小组，归口学校科技处主管。

重点实验室按照湖南省科技厅有关文件精神与要求，建立学术委员会制度，聘请省内外著名高校与研究单位中，同行业或相关行业的知名专家、学者担任学术委员会主任及委员；重点实验室实行主任负责制，聘任科研与组织能力强、高水平、高学历的实验室主任1名、副主任2名，实验室主任具体负责实验室人、财、物管理，组织完成《湖南省重点实验室组建计划合同书》所规定的任务；实行人、财、物相对独立的管理机制和"开放、流动、联合、竞争"的运行机制。

（2）重点实验室组织形式

①依托湖南师范大学，成立重点实验室领导小组

重点实验室领导小组及学校主管部门的任务、职能与作用：指导、督促重点实验室的建设、运行和管理；组建重点实验室学术委员会，聘任重点实验室主任和学术委员会主任；为重点实验室提供成建制的编制、正常运行经费和

其他条件；建立重点实验室研究开放基金，支持和鼓励重点实验室青年科技人员、外聘专家开展探索性的自选课题研究。

重点实验室的组织形式：分3个研究方向与6个创新研究工作室（体质测评工作室、运动蛋白质组学工作室、运动生物化学与分子生物学工作室、体能训练与技术诊断工作室、运动康复工作室、肌肉生理工作室）开展科研工作，每个创新研究工作室聘任主任1名，按照重点实验室的各项规章制度，履行其职责，主持该工作室的各项日常工作，保证其正常运转。

②学术委员会组建情况

体适能与运动康复湖南省重点实验室按照湖南省科技厅有关文件精神与要求，建立学术委员会制度。聘请省内、外著名高校与研究单位中，同行业或相关行业的知名专家、学者担任学术委员会主任及委员。

学术委员会由7人组成，设主任1名，由外单位专家担任；副主任2名，其中外单位专家1名，本室1名；学术委员会外单位专家5人。学术委员会的主要职责是：确定重点实验室建设目标和研究方向；指导重点实验室研究开发活动；审定重点实验室开放基金资助项目；组织或指导重点实验室学术交流、成果内部评审等。

依托单位与重点实验室已与学术委员会专家本人及其所在单位进行了沟通，计划在重点实验室批准组建后，正式聘任。

参考文献

[1] 陈超. 必须完整、正确、全面理解创新的科学内涵. 竞争情报, 2021, 17(01): 1.

[2] 马俊杰. 百年未有之大变局下的"双一流"建设. 人民论坛, 2020, 25: 12-14.

[3] 王文. 500年?400年?300年?200年?100年? 如何理解"百年未有之大变局". 人民论坛·学术前沿, 2019, 07: 32-38.

[4] 郝家春, 杨金洲. 习近平总书记关于体育强国重要论述的当代价值. 武汉体育学院学报, 2019, 53(11): 5-9.

[5] 郑奥成, 郑家鲲. 习近平总书记关于体育工作重要论述研究述评:特征与展望. 武汉体育学院学报, 2020, 54(05): 5-11.

[6] 郑继超, 张佩云, 董翠香. 习近平关于体育工作重要论述研究:热点与展望. 西安体育学院学报, 2020, 37(06): 670-675.

[7] 於鹏, 张树林, 陈章源. 以体育人:新时代体育价值观培育践行的着力点——基于习近平纪念五四运动100周年讲话精神研究. 体育与科学, 2020, 41(02): 1-5+13.

[8] 吴安春, 王晓燕. 习近平关于体育的重要论述：理论内涵及实践特质. 教育史研究, 2020, 2(03): 4-13+50.

[9] 孙国友, 桑飞鸣. 习近平关于体育工作重要论述的逻辑起点、实践追求和价值旨归. 体育学研究, 2019, 2(06): 40-46.

[10] 楼俊超, 徐献杰. 习近平关于体育工作重要论述的丰富内涵与重大意义. 体育学刊, 2019, 26(03): 1-7.

[11] 赵岑, 郑国华. 溯源, 思辨, 重构: "以体为本"的体育学体认研究. 天津体育学院学报, 2021, 36(01): 37-42.

[12] 周宁. 中国体育学研究困境与出路. 体育学研究, 2018, 1(01): 21-29.

[13] 周建东, 于涛. "体育学"概念研究之研究. 体育学刊, 2017, 24(01): 1-6.

[14] 王雷. 论体育学的学科特征. 福建师范大学, 2017.

[15] 陈劲, 曲冠楠, 王璐瑶. 有意义的创新:源起、内涵辨析与启示. 科学学研究, 2019, 37(11): 2054-2063.

[16] 国家统计局. 体育产业统计分类（2019）. 2019.

[17] 国家统计局. 国民经济行业分类(GB／T+4754-2017)（按第1号修改单修订）. 2019.

[18] 教育部.教育部关于印发《普通高等学校本科专业目录（2012年）》《普通高等学校本科专业设置管理规定》等文件的通知.http://www.moe.gov.cn/srcsite/A08/moe_1034/s3882/201209/t20120918_143152.html.

[19] 教育部教高函〔2020〕2号.普通高等学校本科专业目录（2020年版）. http://www.moe.gov.cn/srcsite/A08/moe_1034/s4930/202003/W020200303365403079451.pdf.

[20] 教育部教高函〔2021〕1号.教育部关于公布2020年度普通高等学校本科专业备案和审批结果的通知.http://www.moe.gov.cn/srcsite/A08/moe_1034/s4930/202103/t20210301_516076.html.

[21] 国务院关于大力推进大众创业万众创新若干政策措施的意见国发〔2015〕32号.http://www.gov.cn/zhengce/content/2015-06/16/content_9855.html.

[22] 国务院办公厅关于深化高等学校创新创业教育改革的实施意见.http://www.gov.cn/zhengce/content/2015-05/13/content_9740.html.

[23] 教育部关于印发《国家级大学生创新创业训练计划管理办法》的知.http://www.moe.gov.cn/srcsite/A08/s5672/201907/t20190724_392132.html.

[24] 王子晨. 习近平创新观的深刻内涵探析.学理论, 2019, 08: 3-4.

[25] 王子晨, 吴丹丹. 习近平创新思想的核心内涵、现实逻辑与顶层设计. 沈阳

师范大学学报(社会科学版), 2018, 42(05): 6-11.

[26] 李宁, 王玉婧, 陈星. 创新共同体与学科内涵式建设互动研究. 中国高校科技, 2018, 09: 44-46.

[27] 刘静, 解茹玉. 创新生态系统：概念差异、根源与再探讨. 科技管理研究, 2020, 40(20): 8-14.

[28] 刘战雄. 负责任创新实现的概念前提、思想条件与现实基础——基于历史唯物主义视角. 中国科技论坛, 2019, 06: 66-71+79.

[29] 南国君, 束克东. 习近平关于创新重要论述的思想内涵与时代价值. 思想教育研究, 2020, 07: 31-35.

[30] 方千华, 王润斌, 徐建华, 等. 体育学基本理论与学科体系建构:逻辑进路、研究进展与视域前瞻. 体育科学, 2017, 37(06): 3-23.

[31] 黄汉升, 陈作松, 王家宏, 等. 我国体育学类本科专业人才培养研究——《高等学校体育学类本科专业教学质量国家标准》研制与解读. 体育科学, 2016, 36(08): 3-33.

[32] 王磊磊. 我国体育工程学科的理论体系构建与发展对策研究. 北京体育大学, 2016.

[33] 张磊. 困境与超越:我国体育概念研究之研究. 武汉体育学院学报, 2012, 46(01): 19-24.

[34] 张惠君. 体育院校学科建设现状与内涵式发展. 武汉体育学院学报, 2012, 46(08): 88-91.

[35] 黄璐. 体育学多学科交叉综合研究概述与展望. 成都体育学院学报, 2012, 38(02): 28-32.

[36] 黄璐. 体育学广义跨学科概念辨析与动力基础. 体育科学研究, 2012, 16(02): 54-56.

[37] 刘红建, 孙庆祝, 高雯雯. 范式理论视角下我国体育学学科范式发展困境与思考. 武汉体育学院学报, 2011, 45(11): 15-20.

[38] 范安辉, 王磊, 董德龙. 关于中国体育学科危机的几点思考. 北京体育大学学报, 2010, 33(08): 4-8.

[39] 马卫平, 游波, 李可兴. 体育研究中的跨学科取向——内涵、意义与方法. 体育科学, 2009, 29(08): 90-96.

[40] 鲁长芬, 罗勤鹏. 体育学、体育科学与体育学科辨析. 天津体育学院学报, 2009, 24(04): 285-288.

[41] 易剑东. 我国体育学研究的回顾与前瞻. 浙江体育科学,1994, 02: 6-10+26.

[42] 师保国. 教师的创新素养:意义、内涵及其提升. 人民教育, 2018, Z2): 23-27.

[43] 余继, 闵维方. 大学创新型学习环境:内涵、特征及优化策略. 江苏高教, 2019, 05: 54-59.

[44] 张艺, 许治, 朱桂龙. 协同创新的内涵、层次与框架. 科技进步与对策, 2018, 35(18): 20-28.

[45] 钟志华, 周斌, 蔡三发, 等. 高校创新创业教育组织机构类型与内涵发展. 中国高等教育, 2018, 22: 15-17.

[46] 石丽, 李吉桢. 高校创新创业教育:内涵、困境与路径优化. 黑龙江高教研究, 2021, 39(02): 100-104.

[47] 教高〔2011〕6号.教育部 财政部关于"十二五"期间实施"高等学校本科教学质量与教学改革工程"的意见.http://www.moe.gov.cn/srcsite/A08/s7056/201107/t20110701_125202.html.

[48] 教高〔2007〕1号.教育部 财政部关于实施"高等学校本科教学教学质量与教学改革工程"的意见.http://www.moe.gov.cn/srcsite/A08/s7056/200701/t20070122_79761.html.

[49] 贾智伟, 贺科学, 黄亚飞. 大学生创新性实验计划的实施实践与思考. 教育现代化, 2019, 6(63): 65-68.

[50] 梁明强, 李俊云, 李廷勇, 等. "大学生创新性实验计划"的实施现状与问题分析. 中国地质教育, 2017, 26(03): 75-79.

[51] 王洪才,汤建.创新创业教育:高等教育内涵式发展的关键. 武汉科技大学学报(社会科学版), 2021, 23(01): 110-116.

[52] 王峥,龚轶.创新共同体:概念、框架与模式.科学学研究, 2018, 36(01): 140-148-175.

[53] 邱明晓.大学生"创新创业教育"内涵建设实践与深化. 教育现代化, 2018, 5(21): 20-21.